AF603921

RENASCER ENTRE AS GRADES

Um Caminho para a Liberdade Interior

ARTURO JOSE SANCHEZ HERNANDEZ

2024

RENASCER ENTRE AS GRADES

First edition. November 28, 2024.

Written by Arturo José Sánchez Hernández.

Primeira edição. 28 de novembro de 2024.

Escrito por Arturo José Sánchez Hernández.

DEDICATÓRIA

Para todos aqueles que estão presos atrás de muros, sejam visíveis ou invisíveis. Que este guia traga esperança, força e coragem para descobrir a liberdade interior e escrever uma nova história.

AGRADECIMENTOS

Este livro não teria sido possível sem o apoio e a inspiração de muitas pessoas. Meu mais profundo agradecimento àqueles que compartilharam suas histórias e experiências comigo; sua força e vontade de mudança são o coração destas páginas.

Obrigado à minha família e amigos, que me encorajaram a acreditar neste projeto, e a todos que me acompanharam em meu próprio caminho de transformação.

Um agradecimento especial a todos que se dedicam ao trabalho em instituições penitenciárias e que acreditam incansavelmente que cada pessoa merece uma nova oportunidade. Seu trabalho inspira e demonstra que a esperança pode brilhar até nos lugares mais sombrios.

Por fim, obrigado a você, querido leitor, por sua confiança. Que este livro te ajude a descobrir a força e a luz que já estão dentro de você.

CONTEÚDO

PREFÁCIO

Este livro que você tem em mãos não é apenas uma coleção de palavras, mas um convite para uma jornada de transformação interior. Renascendo entre Grades nasce da necessidade de dar voz àqueles que, atrás dos muros de uma prisão, encontraram esperança, resiliência e o poder de construir uma nova versão de si mesmos. Embora as grades sejam físicas, muitas vezes as barreiras mais difíceis de superar são aquelas que erguemos dentro de nós.

Para aqueles que estão privados de liberdade, o desafio não é apenas cumprir uma sentença, mas também encarar seus próprios erros, reconhecê-los e usá-los como trampolim para uma vida melhor. *Renascendo entre Grades* é um caminho para a liberdade que começa na alma, no desejo profundo de mudança e na vontade de transformar o sofrimento em crescimento pessoal.

Este livro pretende ser um farol de esperança, um companheiro de jornada que mostra que a dor pode ser transformada, que a queda não define o futuro e que cada pessoa tem o poder de decidir que tipo de história quer escrever. Por meio de lições de resiliência, estratégias práticas e reflexões pessoais, *Renascendo entre Grades* busca ajudar a transformar a escuridão em luz, a construir um futuro mais digno e livre, independentemente das circunstâncias do presente.

Não se trata de apagar o passado, mas de aprender com ele, de encontrar a paz interior por meio do perdão, da gratidão e da reconciliação. Este livro foi escrito para todos aqueles que, independentemente de sua situação, buscam uma nova chance de renascer, de se libertar do peso de seus erros e de construir uma versão melhor de si mesmos.

Espero que estas páginas te inspirem a enxergar além das grades visíveis e invisíveis e te ajudem a encontrar o poder e a luz que residem dentro de você. Esta jornada é difícil, mas a recompensa — a liberdade interior — é imensamente valiosa.

Com respeito e esperança,

Dr. Arturo José Sánchez Hernández.

O autor.

~~~

O PODER DA ESPERANÇA: TRANSFORMANDO A ESCURIDÃO EM LUZ

A esperança é uma das forças mais poderosas que podemos cultivar, especialmente nos momentos de maior adversidade. Na vida, todos enfrentamos situações difíceis, e estar na prisão pode parecer o fim de tudo o que conhecemos e amamos. No entanto, a esperança tem o poder de nos transformar, de ser aquela pequena, mas constante, chama que ilumina o caminho quando tudo parece estar nas sombras.

A Semente da Esperança

Imagine uma semente em meio a um solo seco e rachado. Essa semente, aparentemente sozinha, está cercada por condições desfavoráveis. E, apesar de tudo, carrega dentro de si a força para germinar e crescer. A esperança age da mesma forma em nossas vidas: é a força que nos mantém firmes e nos impulsiona a crescer, mesmo quando tudo parece estar contra nós.

A Esperança na Prisão

Estar na prisão pode ser um período de grande escuridão e incerteza. Os dias parecem intermináveis, e a rotina pode desgastar o ânimo. Mas é justamente nesses momentos que a esperança se torna essencial. Ter esperança significa acreditar que, mesmo que hoje seja difícil, o amanhã pode ser melhor.

Significa confiar que o tempo na prisão pode se transformar em uma oportunidade de crescimento pessoal, autoconhecimento e reflexão. Pode ser um momento para se redescobrir e decidir que tipo de pessoa você deseja ser.

A Realidade e o Poder da Esperança

A esperança não consiste em ignorar a realidade nem em mascarar o que está acontecendo. Ela não nega as dificuldades, mas nos dá um propósito e um motivo para nos levantarmos a cada manhã, mesmo nos momentos mais desafiadores. É a ferramenta que nos permite olhar além das paredes que nos cercam, imaginar um futuro diferente e, o mais importante, trabalhar para alcançá-lo.

Pequenas Ações que Alimentam a Esperança

A esperança se nutre de pequenas ações. Cada passo que você dá para melhorar, cada esforço para aprender algo novo, cada dia em que decide seguir em frente é um ato de esperança. Com o tempo, essas pequenas ações criam grandes mudanças. Pode ser aprender uma nova habilidade, ajudar alguém, escrever seus pensamentos ou cuidar do seu corpo com exercícios. Cada uma dessas coisas, por menor que pareça, contribui para a transformação que você deseja alcançar.

Exemplos de Transformação por Meio da Esperança

A história está cheia de exemplos de pessoas que, apesar de enfrentarem situações extremas, inclusive a prisão, conseguiram seguir em frente, se reinventar e contribuir positivamente para a sociedade. Essas histórias não foram escritas porque tudo era fácil, mas porque havia esperança: uma visão de algo melhor que os guiou em seu processo. A esperança nos lembra que não somos nossas circunstâncias e que sempre podemos aspirar a ser melhores.

CONSIDERAÇÕES FINAIS

Se hoje você está em um lugar escuro, lembre-se de que a escuridão não dura para sempre. A esperança é a luz que pode te guiar e, mesmo que seja pequena, é suficiente para dar o próximo passo. Mantenha viva essa esperança. Acredite no futuro que deseja construir e use cada dia para dar mais um passo na direção dele.

~~~

MANTENHA VIVA A ESPERANÇA: ESTRATÉGIAS PRÁTICAS PARA SEGUIR EM FRENTE

Na vida, a esperança é aquela faísca que nos impulsiona a seguir em frente, mesmo quando tudo parece difícil. Para quem está na prisão, onde o ambiente pode ser desanimador, é essencial encontrar maneiras de manter viva a esperança. A esperança não é apenas um sentimento; é uma escolha e um hábito que se cultiva dia após dia. Vamos explorar algumas estratégias práticas que podem te ajudar a manter essa chama acesa e seguir em frente, um passo de cada vez.

Visualize um Futuro Melhor

Uma das formas mais poderosas de manter a esperança é visualizar um futuro melhor. A imaginação tem um poder imenso: permite que você se projete em um lugar diferente de onde está agora e construa uma ponte entre o presente e o futuro desejado. Visualize como gostaria que sua vida fosse ao sair: reencontrando seus entes queridos, conseguindo um emprego que te apaixone ou simplesmente vivendo em paz. Reserve alguns minutos todos os dias para essa visualização, detalhando cada cena e sentindo a emoção desses momentos futuros. Manter essa visão na mente te lembrará por que vale a pena continuar.

Foque em Pequenas Conquistas Diárias

Estar na prisão pode fazer os dias parecerem monótonos, mas encontrar pequenas conquistas diárias pode mudar sua perspectiva e alimentar a esperança. Você aprendeu algo novo hoje? Teve uma conversa significativa? Fez algum exercício, escreveu algo ou encontrou um momento de calma? Tudo isso são conquistas. Não é preciso grandes feitos para comemorar. Os pequenos passos contam, e cada um é um sinal de que você está avançando para um futuro melhor. Fazer uma lista dessas conquistas diárias, por menores que sejam, pode ser uma ferramenta poderosa para manter uma mentalidade positiva.

Cerque-se de Pensamentos Positivos

Nossos pensamentos têm um impacto direto em como nos sentimos e enfrentamos o dia. É fácil ser levado por pensamentos negativos, especialmente em um ambiente tão desafiador como a prisão. No entanto, cercar-se de pensamentos positivos pode fazer uma grande diferença. Comece cada dia com uma afirmação positiva, como "Hoje posso fazer algo para melhorar minha vida" ou "Tenho a capacidade de mudar meu futuro". Escreva frases encorajadoras e deixe-as em um lugar onde possa vê-las, ou repita-as quando se sentir desanimado. Além disso, busque pessoas que, mesmo na mesma situação, tentem manter uma atitude construtiva. Compartilhar palavras de apoio mútuo pode ajudar a manter a esperança viva em todos.

Pratique a Gratidão

A gratidão é essencial para cultivar a esperança. Apesar das dificuldades, sempre há algo pelo que ser grato: uma carta recebida, uma conversa sincera, o simples fato de acordar mais um dia e ter a oportunidade de melhorar. Praticar a gratidão ajuda a focar no que você tem, em vez do que falta, e isso é uma fonte constante de esperança. Todos os dias, encontre ao menos uma coisa pela qual você seja grato e reflita sobre ela.

Cuide do Corpo e da Mente

Manter a esperança viva também depende de cuidar do seu bem-estar físico e mental. Exercícios regulares, mesmo em um espaço pequeno, ajudam a aliviar tensões e manter o ânimo positivo. Praticar meditação ou respiração consciente é útil para acalmar a mente e te conectar com o presente. Quando você cuida do seu corpo e da sua mente, está enviando uma mensagem para si mesmo: "Eu me importo comigo e estou trabalhando por mim".

CONSIDERAÇÕES FINAIS

Manter a esperança em um lugar onde o tempo parece ter parado não é fácil, mas é possível. Visualizar um futuro melhor, celebrar pequenas conquistas, cercar-se de pensamentos positivos, praticar a gratidão e cuidar do seu bem-estar físico e mental são ferramentas que te ajudarão a sustentar essa esperança. Dia após dia, lembre-se de que a escuridão não dura para sempre e que a luz que você precisa está dentro de você, esperando para ser acesa.

~~~

A IMPORTÂNCIA DE UMA MENTALIDADE POSITIVA: MUDANDO DE DENTRO PARA FORA

A forma como pensamos afeta profundamente a maneira como vivemos. Isso é ainda mais verdadeiro quando enfrentamos situações difíceis, como estar na prisão. Nesses momentos, a mentalidade positiva não é apenas uma ferramenta opcional, mas uma necessidade capaz de transformar nossa perspectiva do presente e a projeção do nosso futuro. Cultivar uma atitude positiva tem o poder de transformar nossa realidade, influenciar nossas decisões e, acima de tudo, melhorar nossas emoções. Neste artigo, vamos explorar por que uma mentalidade positiva é essencial e como começar essa mudança de dentro para fora.

A Mudança Interna Começa com a Atitude

Ter uma atitude positiva não significa ignorar os problemas nem fingir que tudo está bem quando não está. Trata-se de adotar uma perspectiva que nos permita enxergar as dificuldades como oportunidades para aprender e crescer. A atitude positiva é o primeiro passo para a mudança interna porque modifica a maneira como interpretamos o que nos acontece. Em vez de nos sentirmos presos ou impotentes, começamos a enxergar possibilidades, mesmo em meio à adversidade.

As circunstâncias externas nem sempre estão sob nosso controle, mas nossa atitude, sim. Quando escolhemos ser positivos, decidimos focar no que podemos fazer, em vez de no que não podemos. Essa escolha impacta nossas emoções, permitindo que enfrentemos cada dia com mais força e resiliência.

Como a Mentalidade Positiva Influencia as Decisões

Uma mentalidade positiva não só melhora nosso estado emocional, mas também influencia a qualidade de nossas decisões. Diante de um desafio, uma atitude negativa pode nos levar ao desespero ou ao desânimo, fazendo com que tomemos decisões impulsivas ou desistamos. Por outro lado, uma mentalidade positiva nos ajuda a analisar as situações com calma, enxergar nossas opções e escolher a melhor alternativa.

Por exemplo, ao decidir focar no que você pode fazer, começa a tomar decisões que te beneficiam. Talvez escolha aprender uma nova habilidade, ler um livro inspirador ou trabalhar para melhorar um relacionamento. Esses pequenos passos, guiados por uma mentalidade positiva, se tornam decisões significativas que te aproximam de um futuro melhor.

Influência nas Emoções

Nossos pensamentos e emoções estão intimamente conectados. Uma mentalidade negativa alimenta emoções como raiva, frustração ou tristeza. Por outro lado, escolher pensamentos positivos cultiva emoções mais saudáveis, como esperança, paz e alegria. Isso não significa que você nunca sentirá tristeza ou raiva, mas uma mentalidade positiva te ajudará a lidar melhor com esses momentos difíceis e a não ficar preso neles.

Pensar de forma positiva envia uma mensagem à sua mente de que vale a pena continuar, de que você é capaz de superar as dificuldades. Essa confiança fortalece seu bem-estar emocional e te permite enfrentar cada dia com uma disposição melhor.

Estratégias para Cultivar uma Mentalidade Positiva

Cultivar uma mentalidade positiva é um processo diário. Aqui estão algumas estratégias que podem ajudar:

Afirmações diárias: Comece cada manhã com afirmações positivas, como "Hoje vou dar o meu melhor" ou "Tenho o poder de mudar minha vida". Essas frases simples têm um grande impacto quando repetidas com convicção.

Foque no positivo: Mesmo nos dias difíceis, tente encontrar algo positivo. Pode ser uma pequena conquista, uma conversa agradável ou o simples fato de ter se mantido firme até agora.

Cerque-se de boas influências: Os pensamentos das pessoas ao seu redor também influenciam sua mentalidade. Relacione-se com quem busca melhorar, que tenha uma visão positiva e que ofereça apoio mútuo.

Pratique a gratidão: Reserve um momento a cada dia para refletir sobre as coisas pelas quais você é grato. Isso ajuda a focar no que você tem de bom e a se sentir mais otimista.

CONSIDERAÇÕES FINAIS

A mentalidade positiva é a chave para iniciar uma mudança interna e transformar sua realidade. Não podemos mudar todas as circunstâncias, mas podemos mudar a forma como as enfrentamos. Com uma atitude positiva, você pode influenciar suas decisões, melhorar suas emoções e, finalmente, construir uma vida mais satisfatória, mesmo nos momentos mais desafiadores. Lembre-se de que, embora você não possa controlar tudo o que acontece, pode controlar como reage a isso.

~~~

O PODER DA RESILIÊNCIA: LEVANTE-SE E CRESÇA A CADA QUEDA

A vida está repleta de desafios, momentos difíceis e quedas que, por vezes, parecem impossíveis de superar. Contudo, existe uma qualidade que nos permite não apenas sobreviver a essas dificuldades, mas sair delas mais fortes e sábios: a resiliência. A resiliência é a capacidade de se levantar após cada queda, transformando a dor e a adversidade em oportunidades de crescimento. Hoje quero falar sobre o poder da resiliência e como ela pode te ajudar a transformar sua vida, mesmo nas circunstâncias mais desafiadoras.

O Que É Resiliência?

A resiliência é aquela força interior que te impulsiona a seguir em frente, mesmo quando tudo parece estar contra você. É a habilidade de se adaptar, aprender e crescer a partir de experiências difíceis. Ser resiliente não significa que você não sente dor ou que as dificuldades não te afetam, mas que, apesar do sofrimento, você escolhe se levantar e continuar lutando por um futuro melhor.

Quando se está na prisão, é fácil sentir que o mundo parou e que o futuro é incerto. Mas é nesses momentos de adversidade que a resiliência se torna essencial. Ser resiliente não é apenas sobreviver ao tempo na prisão, mas sair dessa experiência mais forte, mais sábio e preparado para construir uma vida melhor.

Aprenda com Cada Queda

Na vida, todos enfrentamos quedas. Às vezes cometemos erros, tomamos decisões equivocadas e enfrentamos as consequências de nossas ações. Porém, essas quedas não precisam nos definir. Cada queda é uma oportunidade de aprender, refletir sobre o que nos levou até aquele ponto e encontrar maneiras de fazer melhor no futuro.

A resiliência te permite olhar para cada erro, cada obstáculo, e perguntar: "O que posso aprender com isso?". Em vez de enxergar as dificuldades como o fim da linha, você pode vê-las como parte do processo de crescimento. Cada queda é uma lição, e cada vez que você se levanta, está mais próximo da pessoa que deseja ser. A resiliência te ensina a não desistir, a manter a esperança e a usar cada experiência como um degrau em direção a um futuro melhor.

Resiliência Como Força para o Futuro

Ser resiliente não significa apenas sobreviver aos momentos difíceis, mas sair deles com uma nova perspectiva e com força para encarar o que vier. A resiliência te ajuda a enxergar além dos desafios atuais e a se concentrar nas possibilidades do futuro. Quando você é resiliente, percebe que, independentemente de quão difícil tenha sido o passado, sempre é possível se levantar e construir algo novo.

Cada dia é uma nova oportunidade para ser resiliente. Pode ser algo tão simples como manter uma atitude positiva, aprender algo novo ou se comprometer a melhorar algum aspecto da sua vida. Esses pequenos atos de resiliência se acumulam e te fortalecem para enfrentar desafios maiores. Resiliência não é sobre ser invencível, mas sobre ser flexível, adaptar-se e aprender. É a força que transforma dificuldades em oportunidades de crescimento.

Como Cultivar a Resiliência:

Aceite as Dificuldades: A vida tem momentos difíceis, e aceitá-los é o primeiro passo para ser resiliente. Não lute contra a realidade; aceite os desafios e concentre-se em como superá-los.

Encontre o Aprendizado em Cada Situação: Toda experiência, por mais difícil que seja, traz algo a ensinar. Procure sempre a lição e use-a para crescer e se tornar melhor.

Mantenha uma Mentalidade Positiva: A forma como você enfrenta os desafios faz toda a diferença. Mantenha a esperança e foque nas possibilidades, não nas limitações.

Cuide do Seu Bem-Estar: Resiliência também significa cuidar de si mesmo. Exercite-se, mantenha uma alimentação saudável, durma o suficiente e dedique tempo a atividades que te façam bem. Um corpo forte ajuda a manter uma mente forte.

Cerque-se de Apoio Positivo: As pessoas ao seu redor podem ser uma grande fonte de apoio. Busque relações que te encorajem, te inspirem e te ajudem a manter a motivação nos momentos difíceis.

CONSIDERAÇÕES FINAIS

A resiliência é a capacidade de se levantar após cada queda, transformando a dor e a adversidade em oportunidades de crescimento. Ser resiliente não significa que você não sentirá o peso dos desafios, mas que, apesar disso, decide seguir em frente e lutar por um futuro melhor. Cada queda é uma lição, e cada vez que você se levanta, se fortalece e se prepara para encarar o que vier. Hoje, quero te encorajar a desenvolver essa resiliência, a lembrar que sempre é possível se reerguer e a saber que cada dificuldade é apenas uma parte do caminho para uma vida mais forte e mais sábia.

~~~

UTILIZE A DOR: CONSTRUA UMA VERSÃO MELHOR DE VOCÊ MESMO

A dor é uma experiência que todos enfrentamos em algum momento da vida. Pode ser física, emocional ou espiritual, e muitas vezes parece um fardo que nos impede de avançar. No entanto, o sofrimento também pode ser uma poderosa ferramenta para o crescimento pessoal. Para aqueles que estão na prisão, a dor pode parecer avassaladora, mas também pode se transformar em um motor que impulsiona uma mudança positiva. Hoje, vamos refletir sobre como o sofrimento e as experiências difíceis podem ser um caminho para construir uma versão melhor de nós mesmos.

A Dor Como Oportunidade de Crescimento

Quando passamos por momentos de dor, é natural querer fugir, evitá-la ou simplesmente deixar de sentir. No entanto, a dor tem um lado transformador. Em nossos momentos de maior vulnerabilidade, nos deparamos com nossas fraquezas, medos e inseguranças. E é exatamente nessa vulnerabilidade que está a oportunidade de crescimento.

A dor nos obriga a refletir sobre quem somos e o que queremos para o futuro. Em vez de vê-la como um inimigo, podemos encará-la como uma professora que nos impulsiona a mudar, a melhorar e a desenvolver habilidades que talvez nunca tivéssemos descoberto. Aceitar o sofrimento como parte do processo de crescimento nos dá a força necessária para nos transformarmos e encontrarmos propósito, mesmo nas situações mais desafiadoras.

Fortaleça-se Internamente

As experiências difíceis têm o potencial de nos fortalecer internamente. Não se trata de ignorar o que dói, mas de enfrentá-lo com coragem. Cada vez que você escolhe encarar a dor em vez de fugir, desenvolve resiliência e cultiva uma força interior que permite superar qualquer obstáculo.

Pense na dor como o processo de forjar aço. Para que o aço se torne mais forte, ele precisa passar pelo fogo. Da mesma forma, as experiências dolorosas são esse fogo que, embora queime, também nos fortalece. Quando você aprende a suportar a dor e a usá-la como motivação, está forjando uma versão mais resistente de si mesmo.

Transforme-se Através do Sofrimento

Muitas pessoas encontraram no sofrimento a centelha que precisavam para mudar suas vidas. A dor pode ser o ponto de virada que te impulsiona a tomar decisões diferentes, comprometer-se com um futuro melhor e romper com padrões do passado que já não servem. Refletir sobre erros, aprender com eles e usar essas lições para se transformar é uma das formas mais poderosas de usar a dor para o bem.

Estar na prisão pode ser uma experiência cheia de dor, solidão e arrependimento. Mas também é um momento para refletir e redescobrir quem você é e quem deseja ser. Em vez de permitir que a dor te consuma, use-a para alimentar seu desejo de melhorar, encontrar propósito e construir uma vida com significado. Cada momento de sofrimento é uma oportunidade para crescer, compreender-se melhor e comprometer-se com mudanças positivas.

Estratégias Para Usar a Dor Como Ferramenta de Crescimento:

Escreva Sobre Suas Emoções: Colocar em palavras o que você sente é uma forma eficaz de processar a dor. Manter um diário ajuda a compreender melhor suas emoções e a enxergar como essas experiências contribuem para seu crescimento.

Reflita Sobre as Lições Aprendidas: Cada experiência dolorosa traz consigo uma lição. Reflita sobre o que você aprendeu e como essas lições podem te ajudar a se tornar uma versão melhor de si mesmo.

Busque Apoio: Compartilhar sua dor com outras pessoas, ouvir suas experiências e dividir as suas ajuda a se sentir menos sozinho e a encontrar novas perspectivas. O apoio mútuo é uma ferramenta poderosa para a transformação.

Estabeleça Metas a Partir da Dor: Use a dor como motivação para estabelecer metas. Comece com algo pequeno, como melhorar sua saúde ou aprender algo novo. Cada meta alcançada é um lembrete de que a dor não te define, mas que você tem o controle.

CONSIDERAÇÕES FINAIS

A dor é uma parte inevitável da vida, mas também pode ser uma poderosa ferramenta para o crescimento pessoal. Ao enfrentar o sofrimento com coragem, você pode transformá-lo em um motor que impulsiona a construção de uma versão melhor de si mesmo. Embora as experiências difíceis possam parecer insuperáveis, cada momento de dor é uma oportunidade para refletir, crescer e se fortalecer internamente. Lembre-se de que, embora a dor faça parte da sua história, ela não precisa ser o fim. Você tem o poder de usar esse sofrimento para criar um novo começo, mais forte e cheio de propósito.

~~~

TRANSFORME SEUS ERROS EM LIÇÕES: SEU FUTURO NÃO É DEFINIDO PELO PASSADO

Todos cometemos erros. Faz parte de sermos humanos. Os erros do passado podem ser dolorosos, causar arrependimento e nos fazer sentir que não há como corrigi-los. No entanto, o mais importante não é o erro em si, mas o que fazemos depois de cometê-lo. Os erros não precisam definir o seu futuro. Eles podem se tornar lições poderosas que ajudam você a crescer e a melhorar. Hoje, quero convidá-lo a ver os erros do passado não como correntes que o prendem à culpa, mas como oportunidades de aprendizado e crescimento.

Os Erros Não Definem Quem Você É

Muitas vezes, é fácil pensar que, por termos cometido erros, não temos mais a possibilidade de mudar. Talvez você sinta o peso das suas decisões passadas e ache que isso define quem você é. Mas essa é uma ideia equivocada. O seu passado não precisa definir quem você é ou quem será no futuro. Cada erro é uma oportunidade para refletir, aprender e se tornar melhor.

O primeiro passo para transformar um erro em uma lição é aceitar que todos, sem exceção, cometem erros. O que importa é o que fazemos com essas experiências. Você vai ficar preso à culpa ou escolherá aprender e crescer com isso? A decisão é sua, e a boa notícia é que você sempre pode escolher seguir em frente.

Os Erros Como Oportunidades de Aprendizado

Quando você comete um erro, tem duas opções: lamentar-se eternamente e ficar preso ao passado, ou aprender com essa experiência e usá-la para construir um futuro melhor. Os erros ensinam coisas valiosas sobre nós mesmos e sobre o mundo ao nosso redor. Eles mostram nossas fraquezas e áreas de oportunidade, além de nos motivar a sermos mais conscientes de nossas decisões no futuro.

Cada erro contém uma lição, e cabe a você encontrá-la. Se tomou uma decisão errada, pergunte-se: "O que me levou a tomar essa decisão?", "O que eu poderia fazer diferente na próxima vez?". Ao analisar os erros de forma objetiva e sem se julgar, você se dá a chance de aprender e se tornar uma versão melhor de si mesmo. Lembre-se de que cada experiência, mesmo as negativas, pode ser uma fonte de aprendizado se você optar por enxergá-la dessa maneira.

Liberte-se das Correntes da Culpa

A culpa é um peso que impede você de avançar. Sentir culpa ao cometer um erro é natural, mas ficar preso a ela não ajudará no seu crescimento nem na sua mudança. A culpa mantém você preso ao passado, enquanto o aprendizado o impulsiona para o futuro. Para transformar seus erros em lições, é importante se libertar da culpa e se concentrar no que você pode fazer hoje para melhorar.

O perdão, especialmente a si mesmo, é um passo fundamental nesse processo. Perdoar-se não significa justificar seus erros, mas reconhecer que você é humano, que errou e que está disposto a aprender com isso. Ao se libertar da culpa, você abre espaço para o crescimento e a possibilidade de escrever um novo capítulo em sua vida.

Como Transformar Erros em Lições:

Reflita Sobre o Erro: Tire um tempo para refletir sobre o que aconteceu. Analise o que o levou a cometer aquele erro e o que poderia ter feito de diferente. A reflexão é essencial para aprender e evitar repetir os mesmos erros no futuro.

Identifique a Lição: Pergunte-se o que pode aprender com aquela experiência. Talvez tenha descoberto algo sobre si mesmo, sobre seus limites ou sobre a importância de ouvir os outros. Identificar a lição ajuda a transformar o erro em algo positivo.

Comprometa-se a Mudar: Depois de identificar a lição, comprometa-se a mudar. Defina como agirá de maneira diferente na próxima vez que enfrentar uma situação semelhante. O compromisso com a mudança é o que permitirá seu crescimento e evolução.

Perdoe a Si Mesmo: Deixe a culpa para trás e entenda que cometer erros faz parte de ser humano. Perdoe-se e concentre-se no presente, no que pode fazer hoje para ser melhor.

CONSIDERAÇÕES FINAIS

Os erros do passado não precisam definir o seu futuro. Cada erro pode ser uma oportunidade de aprendizado e crescimento, se você escolher enxergá-lo dessa maneira. Em vez de ficar preso à culpa, escolha transformar seus erros em lições que o ajudem a ser uma versão melhor de si mesmo. Lembre-se de que o passado já ficou para trás, mas o futuro está cheio de possibilidades. Você tem o poder de mudar e de construir um futuro melhor, usando cada lição aprendida para avançar com mais força e sabedoria.

~~~

VOCÊ DECIDE QUE TIPO DE HISTÓRIA QUER ESCREVER: CONSTRUINDO SEU PRÓPRIO FUTURO

Na vida, todos temos uma história, e cada dia é uma nova página em branco que nos dá a oportunidade de escrever o próximo capítulo. Às vezes, o passado pode parecer um peso que nos prende, cheio de erros, momentos difíceis e arrependimentos. Mas o que realmente importa não é como a história começou, e sim como você decide que ela vai continuar. Hoje, quero te lembrar que você é o autor da sua vida, e tem o poder de decidir que tipo de história quer escrever daqui para frente. Com escolhas mais conscientes e sábias, você pode criar um futuro cheio de esperança e crescimento.

O Passado Não Define Seu Futuro

O passado faz parte da sua história, mas não precisa definir o seu futuro. Mesmo que você tenha enfrentado momentos difíceis ou cometido erros, sempre há a capacidade de mudar o rumo da sua vida. Cada dia é uma nova oportunidade para escrever um novo capítulo, no qual você decide ser mais forte, mais sábio e mais consciente de suas escolhas.

É comum sentir que, por causa dos erros do passado, não merecemos um futuro melhor ou que nossas possibilidades estão limitadas. Mas isso não é verdade. Todos nós temos o poder de mudar nossa história. Suas decisões de hoje são as que determinarão como será sua vida amanhã. Ao tomar o controle da sua narrativa pessoal, você pode deixar os erros para trás e escolher o caminho que realmente deseja seguir.

Tome o Controle da Sua Narrativa Pessoal

Assumir o controle da sua narrativa significa decidir como você quer que sua história se desenvolva, mesmo que o começo não tenha sido perfeito. Imagine que sua vida é um livro, e você é o autor. Os capítulos anteriores já foram escritos, mas o próximo ainda está em branco. Você pode decidir como escrevê-lo, que mudanças fazer e que novas oportunidades criar.

Comece refletindo sobre quem você deseja ser. Como você quer ser lembrado? Quais valores vão guiar suas escolhas? Essas perguntas são fundamentais para assumir o controle da sua narrativa e definir o rumo que deseja seguir. Ao fazer isso, você percebe que o poder de mudar e de criar uma nova história está dentro de você.

Não importa quão difícil tenha sido o passado, você sempre pode escolher um novo caminho. A cada dia, você pode tomar decisões que te aproximem da pessoa que deseja ser. Cada pequeno esforço conta: aprender algo novo, ser gentil consigo mesmo, ajudar os outros, desenvolver um hábito positivo. Tudo isso contribui para a história que você está escrevendo. Você decide se o próximo capítulo será de crescimento, superação e esperança.

Tome Decisões Conscientes Para Um Futuro Melhor

Para escrever uma história melhor, é importante tomar decisões conscientes. Muitas vezes, os erros do passado foram cometidos porque agimos sem pensar, sem considerar as consequências. Agora é o momento de mudar isso. Cada decisão tem o poder de te aproximar ou afastar do futuro que deseja. Ao ser consciente das suas escolhas, ao refletir antes de agir e ao escolher com sabedoria, você assume o controle da sua vida e cria uma história diferente.

Decidir que tipo de história quer escrever também significa se cercar de pessoas que te apoiem, te inspirem e te incentivem a ser melhor. Construa relacionamentos que te impulsionem a crescer, que te lembrem que você é capaz de mudar e que te deem força para seguir em frente. Ao se rodear de pessoas positivas e ao tomar decisões que reflitam seus valores, você estará escrevendo um capítulo cheio de esperança e possibilidades.

Lembre-se de que cada decisão conta, até mesmo as menores. Muitas vezes, as mudanças mais significativas surgem de passos aparentemente simples. Quando você decide avançar, mesmo que seja um pequeno passo, está demonstrando seu compromisso com um futuro diferente. Não subestime o poder de uma boa escolha feita no momento certo; ela pode ser o ponto de partida para transformar toda a sua história.

CONSIDERAÇÕES FINAIS

Você decide que tipo de história quer escrever. Embora o passado tenha momentos difíceis, isso não significa que o futuro precisa ser igual. Cada dia é uma nova oportunidade para assumir o controle da sua narrativa pessoal e decidir como quer que sua vida se desenvolva. Com escolhas mais sábias e conscientes, você pode construir um futuro cheio de esperança, crescimento e oportunidades. Lembre-se sempre de que o poder de mudar e de escrever uma nova história está em suas mãos. Cada dia é uma página em branco, e você é o autor.

~~~

CONSTRUA UMA BASE SÓLIDA PARA SUA FUTURA LIBERDADE: ALCANCE SEU VERDADEIRO POTENCIAL

A liberdade é algo que todos desejamos, mas a verdadeira liberdade vai além de simplesmente sair de um espaço físico. A liberdade real significa viver plenamente, em paz, com a capacidade de tomar decisões sábias e construir um futuro positivo. O tempo na prisão, embora pareça uma pausa na vida, pode ser uma oportunidade valiosa para se preparar e construir uma base sólida para o futuro. Vamos explorar como o trabalho interior e a preparação pessoal podem ser fundamentais para uma vida bem-sucedida e livre quando você recuperar sua liberdade.

O Trabalho Interior: Construindo Resiliência e Paz

O trabalho interior é uma das maneiras mais poderosas de se preparar para a liberdade futura. Trata-se de conhecer a si mesmo, entender suas emoções, suas fraquezas e suas forças, e trabalhar para se tornar uma versão melhor de si. Reflita sobre as experiências do passado e os erros cometidos, mas sem se julgar. Cada erro é uma oportunidade de aprendizado, e cada dia uma chance de crescer.

Praticar a meditação, a respiração profunda, escrever em um diário sobre seus pensamentos e emoções, e dedicar tempo à autorreflexão são formas eficazes de cuidar do seu bem-estar interior. Quanto mais você se conhecer e estiver em paz consigo mesmo, mais preparado estará para enfrentar os desafios do futuro. A resiliência que você constrói agora será sua maior aliada quando recuperar sua liberdade.

Educação e Habilidades: Preparando-se para Uma Nova Vida

O tempo na prisão também pode ser usado para investir na sua educação e no desenvolvimento de habilidades que serão úteis no futuro. A educação é uma ferramenta poderosa que pode abrir portas e criar oportunidades quando você sair. Aprender um ofício, melhorar sua formação acadêmica ou adquirir conhecimentos sobre temas de interesse pode fortalecer sua base para construir uma vida de sucesso.

Além disso, trabalhar em habilidades práticas, como gestão financeira, comunicação eficaz e resolução de problemas, é essencial. Essas competências não só aumentarão suas chances de encontrar boas oportunidades de trabalho, mas também te ajudarão a enfrentar os desafios do dia a dia com mais confiança e segurança.

Fortaleça Relacionamentos Positivos

Os relacionamentos pessoais são fundamentais para uma vida plena e em liberdade. Aproveite este tempo para fortalecer os laços com pessoas que te apoiam, acreditam em você e querem te ver vencer. A comunicação honesta e o respeito são a base de qualquer relacionamento saudável. Reconstruir a confiança com seus entes queridos pode levar tempo, mas cada esforço conta e será um grande apoio quando você recuperar sua liberdade.

Também é importante se cercar de pessoas que te incentivem a crescer e te motivem a seguir em frente. Identifique e mantenha contato com aqueles que exercem uma influência positiva na sua vida, ao mesmo tempo que aprende a se afastar de influências negativas que possam prejudicar seus objetivos. Relações saudáveis serão a base para uma vida equilibrada e bem-sucedida após a prisão.

O Valor do Propósito

Encontrar um propósito é uma das maneiras mais poderosas de construir uma base sólida para o futuro. Pergunte a si mesmo o que te motiva, o que te dá energia e que tipo de contribuição você quer deixar no mundo. Ter um propósito claro te dará direção, algo pelo qual lutar todos os dias, algo que te impulsione a continuar mesmo nos momentos difíceis.

Quando você tem um propósito claro e metas que te inspiram, fica mais fácil evitar velhos padrões negativos e se concentrar no que realmente importa.

Esse propósito se torna uma bússola que guia suas decisões e te mantém no caminho para uma vida melhor e mais significativa.

CONSIDERAÇÕES FINAIS

A liberdade vai muito além de deixar um espaço físico; é a capacidade de viver uma vida plena, em paz e com propósito. Use o tempo na prisão para construir uma base sólida para sua futura liberdade. Trabalhe no seu bem-estar interior, invista na sua educação, desenvolva habilidades práticas, fortaleça relações positivas e encontre um propósito que te inspire. Tudo o que você fizer hoje te preparará melhor para o momento em que recuperar sua liberdade, permitindo que você construa uma vida de sucesso, cheia de oportunidades e livre das limitações do passado.

~~~

AUTODISCIPLINA E ROTINA DIÁRIA POSITIVA: CONSTRUINDO HÁBITOS SAUDÁVEIS PARA UMA VIDA COM PROPÓSITO

A autodisciplina é a capacidade de manter o foco e a determinação para alcançar nossos objetivos, mesmo diante de circunstâncias difíceis. Em um ambiente como a prisão, cultivar a autodisciplina e criar uma rotina diária positiva pode ser a chave para manter a esperança, encontrar sentido e fortalecer a mente e o corpo. Hábitos saudáveis, como exercícios diários, meditação e atividades estruturadas, ajudam a enfrentar os desafios e a crescer internamente. Hoje, quero falar sobre a importância da autodisciplina e como uma rotina positiva pode transformar sua vida, mesmo em um contexto desafiador.

Autodisciplina Como Pilar da Transformação

A autodisciplina é a capacidade de assumir o controle das nossas ações e decisões, sendo essencial para qualquer mudança positiva em nossas vidas. Pode parecer mais fácil ceder à inércia e perder a motivação, especialmente em circunstâncias adversas. No entanto, é exatamente nesses momentos que a autodisciplina se torna nossa maior aliada.

Ao desenvolver a autodisciplina, você cria uma estrutura diária que permite aproveitar melhor o tempo, manter a mente ativa e focar no que realmente importa. A autodisciplina ajuda a estabelecer hábitos saudáveis que dão significado a cada dia, permitem melhorias graduais e oferecem um propósito em meio à adversidade. Lembre-se de que cada pequeno esforço feito hoje, por menor que pareça, é um passo em direção à melhor versão de si mesmo.

Crie uma Rotina Positiva

Uma rotina diária positiva oferece estrutura e estabilidade, fundamentais para o bem-estar mental e emocional, especialmente em um ambiente como a prisão. Ter uma rotina ajuda a manter o foco, a sensação de controle sobre a própria vida e a dar propósito a cada dia. Aqui estão alguns hábitos saudáveis que podem fazer parte de uma rotina diária positiva:

Exercício Diário: O exercício é uma das melhores maneiras de cuidar do corpo e da mente. Não é necessário um espaço amplo ou equipamentos sofisticados; rotinas simples, como flexões, agachamentos ou caminhadas, podem fazer a diferença. O exercício melhora a condição física, alivia tensões, reduz o estresse e melhora o humor.

Meditação ou Respiração Consciente: Práticas como meditação e respiração consciente ajudam a acalmar a mente e reduzir a ansiedade. Dedicar alguns minutos por dia a essas atividades pode trazer paz interior, manter a calma e encarar desafios com uma atitude mais positiva.

Leitura e Aprendizado: Mantenha sua mente ativa aprendendo algo novo todos os dias. A leitura é uma excelente maneira de adquirir conhecimento, expandir perspectivas e estimular o cérebro. Escolha temas que despertem seu interesse ou que te inspirem, e use esse tempo para crescer intelectualmente.

Estabeleça Metas Diárias: Definir pequenas metas para cada dia ajuda a manter o foco e proporciona uma sensação de realização. As metas não precisam ser grandiosas; podem ser simples, como concluir um capítulo de leitura, fazer uma rotina de exercícios ou refletir sobre algo importante. Cada meta alcançada reforça sua autodisciplina e te aproxima de objetivos maiores.

Escreva em um Diário: Manter um diário é uma forma poderosa de refletir sobre pensamentos e emoções. Escrever diariamente ajuda a se conhecer melhor, processar experiências e dar significado a cada dia. Reserve alguns minutos para registrar suas reflexões, metas e conquistas.

A Importância da Constância

O verdadeiro poder da autodisciplina e de uma rotina positiva está na constância. Não se trata de realizar algo grandioso uma única vez, mas de fazer pequenos esforços diários. A constância transforma esses pequenos hábitos em um estilo de vida que fortalece física, mental e emocionalmente.

Manter uma rotina diária nem sempre é fácil, especialmente em circunstâncias difíceis, mas é justamente nesses momentos que essa estrutura se torna essencial para te manter firme e focado. Cada dia é uma nova oportunidade de melhorar, crescer e dar mais um passo em direção ao futuro que você deseja.

CONSIDERAÇÕES FINAIS

A autodisciplina e uma rotina diária positiva são fundamentais para manter o bem-estar físico, mental e emocional, especialmente em situações desafiadoras como a prisão. Cultivar hábitos saudáveis, como exercício, meditação, leitura e reflexão, proporciona estrutura e propósito para cada dia. Esses hábitos ajudam a manter o foco e preparam você para enfrentar os desafios com uma mentalidade mais forte e resiliente. Lembre-se de que cada pequeno esforço conta, e que a constância é a chave para construir uma vida com propósito e significado.

~~~

PEQUENOS PASSOS RUMO À MUDANÇA: MELHORANDO AOS POUCOS

Quando você está em um ambiente desafiador como a prisão, a ideia de mudar pode parecer impossível. As limitações, as barreiras e a rotina diária podem fazer com que a mudança pareça inalcançável. No entanto, qualquer grande transformação começa com um pequeno passo. Você não precisa transformar sua vida da noite para o dia; passos pequenos e consistentes são suficientes para construir algo positivo. Hoje, vamos refletir sobre como, apesar das dificuldades, é possível dar pequenos passos rumo à mudança e começar a melhorar sua vida agora mesmo.

A Importância dos Pequenos Passos

É comum pensar que apenas grandes mudanças têm valor, mas, na realidade, os avanços mais duradouros começam de maneira modesta. Cada pequena ação, cada esforço para aprender algo novo ou refletir sobre seus erros, é um passo à frente. Mesmo na prisão, onde as opções podem parecer limitadas, os pequenos passos são uma maneira poderosa de manter a esperança viva e preparar o terreno para um futuro melhor.

Lembre-se de que, embora o ambiente seja desafiador, sua atitude e as escolhas que faz diariamente estão sob seu controle. Esses pequenos passos não só ajudam você a melhorar aos poucos, mas também provam que é capaz de assumir as rédeas da sua vida, mesmo em meio a circunstâncias difíceis. O essencial é não desanimar; cada dia conta e cada pequeno esforço é como plantar uma semente para o futuro.

Eduque-se e Aprenda

Um dos passos mais importantes rumo à mudança é a educação. Não precisa ser um curso formal; cada livro que você lê e cada coisa nova que aprende são passos para se tornar uma pessoa melhor. A educação permite ampliar sua visão, entender melhor o mundo e se preparar para as oportunidades que surgirão quando você sair.

Aprender algo prático, como uma habilidade manual, ou explorar temas que despertam seu interesse, fortalece sua mente e amplia suas possibilidades. Além disso, a educação dá propósito ao dia e mantém sua mente ativa e direcionada ao crescimento pessoal.

Reflita Sobre os Erros do Passado

Outro passo importante é a reflexão. Tirar um tempo para pensar sobre o passado e as decisões que te levaram até aqui não é para se culpar, mas para aprender. Refletir sobre os erros permite identificar o que pode ser feito de forma diferente no futuro e ajuda no processo de crescimento pessoal.

Esse exercício é fundamental para evitar repetir os mesmos erros quando surgir uma nova oportunidade. A reflexão também te ajuda a entender os padrões de comportamento que te prejudicaram e a trabalhar para mudá-los. É uma chance de se preparar para ser uma versão mais forte e consciente de si mesmo.

Faça Planos Para o Futuro

Embora o ambiente físico seja limitado, sua mente não tem limites. Aproveite o tempo para imaginar e planejar como gostaria que fosse sua vida após a prisão. Pense em reconectar-se com sua família, aprender um ofício ou até mesmo ajudar outras pessoas que passaram por situações semelhantes.

Fazer planos dá um senso de propósito e algo pelo que trabalhar todos os dias. Esses planos podem ser simples, como melhorar sua saúde, ou mais ambiciosos, como se capacitar para uma nova profissão. O importante é ter uma visão clara do futuro que deseja e se manter motivado para alcançá-lo.

Celebre as Pequenas Conquistas

Cada pequeno passo conta, e é importante reconhecer e celebrar seus avanços. Talvez hoje você tenha lido um capítulo de um livro, feito exercícios ou mantido uma atitude positiva em um momento difícil.

Essas conquistas diárias, por menores que pareçam, são a base para mudanças maiores. Celebrar suas vitórias é uma forma de reconhecer seu esforço, manter a motivação e reforçar sua determinação para seguir em frente.

CONSIDERAÇÕES FINAIS

A mudança raramente acontece de forma rápida ou grandiosa. Muitas vezes, a transformação verdadeira ocorre de maneira gradual, passo a passo. Apesar do ambiente desafiador, cada dia é uma nova oportunidade para avançar rumo a um futuro melhor.

Educar-se, refletir sobre o passado, planejar o futuro e celebrar as pequenas conquistas são formas de começar esse processo hoje mesmo. Lembre-se de que, embora o caminho seja difícil, cada esforço te aproxima da pessoa que deseja ser. Não importa o quão pequenas pareçam suas ações, o importante é continuar com determinação e confiança de que cada passo é um avanço em direção a um futuro mais positivo e cheio de oportunidades.

~~~

APROVEITE O TEMPO NA PRISÃO DE FORMA CONSTRUTIVA: O TEMPO É VIDA

O tempo é um dos recursos mais valiosos que temos. Independentemente das circunstâncias, cada momento conta e pode ser usado para avançar. Para quem está na prisão, é fácil pensar que o tempo está parado, que os dias passam sem propósito e que a vida está em pausa. No entanto, a verdade é que o tempo que você passa na prisão ainda é seu e tem grande valor, se você decidir aproveitá-lo. Mesmo na prisão, esse tempo é vida e pode ser uma oportunidade para aprender, refletir e trabalhar em si mesmo.

O Tempo Como Oportunidade

Cada dia, cada hora e cada minuto na prisão é uma oportunidade de mudança. É um tempo que você pode usar para crescer, se conhecer melhor e construir uma versão aprimorada de si mesmo. Talvez você não possa controlar onde está agora, mas pode controlar como decide usar seu tempo. Em vez de encarar cada dia como algo a ser suportado, você pode vê-lo como um presente: uma chance de transformar sua vida de dentro para fora.

O valor do tempo está no que fazemos com ele. Mesmo nas circunstâncias mais desafiadoras, sempre há algo que podemos fazer para avançar, mesmo que seja um pequeno passo. Usar o tempo para aprender, refletir sobre o passado e construir um futuro diferente é a melhor maneira de fazer com que cada momento na prisão tenha significado.

Aprenda e Cresça

Uma das melhores formas de aproveitar o tempo na prisão é investindo em aprendizado. A educação é uma ferramenta poderosa que permite adquirir novos conhecimentos e expandir sua mente. Você pode aprender com livros, cursos ou até mesmo conversando com outras pessoas que têm experiências diferentes. Aprender uma nova habilidade, um ofício ou algo que sempre despertou seu interesse é uma maneira de usar o tempo para crescer e se preparar para o futuro.

O aprendizado não apenas te proporciona habilidades práticas, mas também constrói sua confiança. Cada coisa nova que você aprende é um lembrete de que é capaz de mudar sua vida. O tempo na prisão não precisa ser desperdiçado; pelo contrário, pode ser o momento em que você mais cresce, mais se descobre e mais se prepara para um futuro melhor.

Reflita e Redescubra-se

A prisão também oferece uma oportunidade única para reflexão. Na correria do dia a dia, muitas vezes não temos tempo para pensar profundamente sobre nossas decisões, ações e o que realmente queremos para o futuro. Embora o ambiente prisional seja desafiador, ele pode proporcionar um espaço para essa reflexão necessária.

Refletir sobre o passado não significa se punir, mas aprender. Pergunte-se: "Quais decisões me trouxeram até aqui?" e, mais importante, "O que eu quero mudar daqui em diante?". Aproveite esse tempo para se conhecer melhor, redescobrir seus valores e definir quem você deseja ser. Esse processo de autoconhecimento é um dos usos mais valiosos do seu tempo.

Trabalhe em Si Mesmo

O tempo na prisão também pode ser dedicado a trabalhar em si mesmo. Não importa quais circunstâncias te trouxeram até aqui, você sempre tem o poder de decidir quem quer ser daqui para frente. Trabalhar em si mesmo significa cuidar da sua saúde física, mental e emocional.

Exercício Físico: Movimentar-se regularmente te ajuda a se sentir mais forte e a manter a mente mais clara.

Gerenciamento do Estresse: Praticar meditação ou dedicar alguns minutos à respiração consciente pode reduzir a ansiedade e aumentar sua resiliência.

Bem-Estar Emocional: Escrever sobre seus pensamentos e emoções em um diário é uma maneira poderosa de processar sentimentos e se conectar consigo mesmo.

Fortalecimento Pessoal: Trabalhar paciência, empatia e habilidades sociais contribui para seu crescimento e te prepara para enfrentar os desafios com mais equilíbrio.

Esses pequenos esforços diários ajudam a criar uma versão de você mais forte e resiliente, pronta para enfrentar o futuro com uma mentalidade positiva.

CONSIDERAÇÕES FINAIS

O tempo é vida, e cada momento conta, mesmo na prisão. Apesar das circunstâncias, o tempo que você passa na prisão é valioso e pode ser usado para aprender, refletir e trabalhar em si mesmo. Cada dia é uma nova oportunidade de crescer, avançar e se preparar para um futuro diferente e melhor. Lembre-se de que, mesmo na prisão, sua vida ainda é sua, e o tempo que você tem é um presente que pode ser usado para construir uma versão mais forte, mais sábia e mais cheia de propósito de si mesmo.

~~~

NA PRISÃO VOCÊ PODE, AOS POUCOS, SE TORNAR UMA VERSÃO MAIS EVOLUÍDA DE SI MESMO

A prisão pode parecer um lugar onde tudo fica parado, onde os sonhos são colocados em espera e o futuro parece incerto. Contudo, cada dia traz a oportunidade de melhorar, de trabalhar em si mesmo e de crescer. Com paciência e esforço, é possível construir uma versão mais evoluída de si, alguém mais forte, sábio e resiliente. Hoje, vamos explorar como, mesmo diante das dificuldades, você pode melhorar a cada dia desenvolvendo hábitos positivos e habilidades que te ajudem a se tornar uma pessoa melhor.

Melhore Aos Poucos: A Paciência é a Chave

A mudança verdadeira não acontece da noite para o dia; ela se constrói aos poucos, com paciência e constância. Na prisão, pode parecer que o tempo não passa ou que não há muito o que fazer para melhorar. No entanto, mesmo nesse ambiente, cada pequeno passo importa. Cada vez que você escolhe fazer algo positivo por si mesmo, aprende algo novo ou adota um hábito saudável, está construindo uma versão mais avançada de si.

O segredo está em ter paciência consigo mesmo e reconhecer que a mudança leva tempo. Tornar-se uma pessoa melhor não é uma corrida, mas um processo contínuo que acontece dia após dia. Com cada esforço, você se aproxima da versão mais forte e sábia que deseja alcançar.

Desenvolva Hábitos Positivos

Um dos passos mais importantes para o autodesenvolvimento é criar hábitos positivos que promovam seu crescimento. A leitura é uma das melhores maneiras de fazer isso. Ler amplia sua mente, ensina coisas novas e permite enxergar o mundo por diferentes perspectivas. Escolha livros que despertem seu interesse, sejam sobre desenvolvimento pessoal, história ou até ficção que inspire. Ler mantém sua mente ativa e reforça a ideia de que sempre há algo novo para aprender.

O exercício físico também é um hábito positivo que tem um grande impacto no bem-estar. Você não precisa de academia para cuidar do corpo; exercícios simples ajudam a se manter ativo e a aliviar tensões. Além de melhorar sua saúde física, o exercício beneficia seu humor e te dá mais controle sobre sua vida.

Habilidades Emocionais e Sociais

Desenvolver habilidades emocionais e sociais é essencial para construir uma versão mais evoluída de si mesmo. A prisão é um ambiente desafiador, e aprender a lidar com as emoções de forma saudável pode fazer uma grande diferença. A paciência, a empatia e a habilidade de controlar a raiva são competências que podem ser desenvolvidas aos poucos. Reconhecer suas emoções, entender seus gatilhos e reagir de maneira mais positiva são passos importantes nesse processo.

A comunicação também é uma habilidade valiosa. Aprender a se expressar de forma clara e respeitosa, a ouvir os outros e a construir relacionamentos saudáveis é fundamental. Essas habilidades não só te ajudarão na prisão, mas também serão essenciais para o sucesso após a liberdade.

Cada Pequeno Esforço Conta

É importante lembrar que cada pequeno esforço conta. Você não precisa fazer grandes mudanças de imediato; até mesmo pequenos avanços são passos em direção ao progresso. Tire alguns minutos por dia para refletir sobre como se sente, pratique meditação para acalmar a mente ou escreva em um diário sobre seus pensamentos e metas. Esses pequenos passos, feitos com consistência, podem transformar sua vida significativamente.

Trabalhar em si mesmo exige esforço, mas esse esforço é a melhor forma de investir no seu futuro. Cada dia em que você escolhe melhorar, aprender algo novo ou desenvolver uma habilidade é mais um passo em direção à versão avançada de si mesmo que deseja ser.

CONSIDERAÇÕES FINAIS

Mesmo na prisão, você tem o poder de construir uma versão mais evoluída de si mesmo, com paciência e esforço. Desenvolver hábitos positivos como leitura e exercícios, trabalhar em suas habilidades emocionais e sociais, e reconhecer que cada pequeno esforço importa são as chaves para o crescimento diário. A prisão não precisa ser um lugar onde o tempo é desperdiçado; ela pode ser o espaço onde você encontra coragem para se transformar, se tornar mais forte, mais sábio e mais resiliente. Lembre-se de que cada dia é uma nova oportunidade de avançar e construir uma versão melhor de si.

~~~

CUMPRIR SUA PENA: UM NOVO COMEÇO COM LIBERDADE E SEM DÍVIDAS

O tempo que você passa na prisão pode ser desafiador, cheio de altos e baixos, momentos de reflexão e aprendizado. Mas é essencial lembrar algo muito importante: ao cumprir sua pena, você terá quitado sua dívida com a sociedade. Esse é o momento em que o passado fica para trás e surge a oportunidade de começar de novo, livre de culpas e pronto para escrever um novo capítulo em sua vida. Hoje, vamos refletir sobre o poder desse novo começo e como você pode se preparar para aproveitá-lo ao máximo.

Quitar a Dívida: Um Novo Começo

Ao entrar na prisão, estabelece-se uma dívida com a sociedade, um período em que se paga pelos erros cometidos e se reflete sobre suas consequências. A boa notícia é que essa dívida tem um fim. Ao cumprir sua pena, você terá enfrentado as consequências e provado sua disposição de reparar o passado. Esse momento marca o início de uma nova oportunidade: você não deve mais nada a ninguém.

É crucial lembrar que o passado não precisa definir quem você será no futuro. Uma vez que o tempo na prisão tenha terminado, você tem o direito de buscar uma nova vida, de recomeçar com dignidade e sem culpas. Essa é a chance de deixar o peso do passado para trás e construir algo novo, algo que reflita a melhor versão de você mesmo.

Liberdade Para Escrever um Novo Capítulo

Sair da prisão significa ter a oportunidade de reescrever sua história. Esse é o momento de decidir que tipo de vida você quer e que tipo de pessoa deseja ser. Você tem a capacidade de construir um futuro cheio de significado. Apesar das dificuldades que possam surgir, lembre-se de que possui a força e o poder para transformar sua vida.

Cada dia é como uma página em branco, e você tem a caneta nas mãos para escrever o que desejar. Pense nas lições aprendidas durante o tempo na prisão. Cada desafio enfrentado, cada erro cometido e cada reflexão feita podem servir de base para criar um futuro melhor. Não permita que as culpas ou arrependimentos do passado continuem te definindo. Esse capítulo foi encerrado; agora você tem a liberdade de começar outro, cheio de esperança, crescimento e oportunidades.

Prepare-se Para o Futuro

O momento de sair da prisão é uma nova chance, mas é essencial estar preparado para aproveitá-la plenamente. Durante o tempo em que estiver cumprindo sua pena, você pode começar a se preparar para esse recomeço. Invista em aprender o máximo possível, desenvolva novas habilidades e trabalhe em seu bem-estar emocional e mental. Tudo o que você fizer hoje contribuirá para que esteja mais preparado quando recuperar sua liberdade.

Fortaleça suas relações pessoais, reconecte-se com os valores que considera importantes e defina suas metas para o futuro. Pergunte a si mesmo: "O que eu quero alcançar?", "Como posso contribuir positivamente para a sociedade?". Essas reflexões ajudarão a traçar o caminho que deseja seguir.

Sem Culpa, Com Determinação

Uma das coisas mais importantes a lembrar é que, ao cumprir sua pena, você tem o direito de viver sem culpa. Você fez o que era necessário para reparar o passado, e agora é hora de se concentrar em seus sonhos e propósitos. Não deixe que o estigma do passado impeça seu progresso. A culpa e o arrependimento podem ser pesados, mas você já fez sua parte e merece seguir em frente sem esse fardo.

Caminhe de cabeça erguida, reconhecendo que o passado não tem mais poder sobre você. Agora você é livre para construir uma vida diferente, criar oportunidades e provar, a si mesmo e aos outros, que a mudança é possível. A sociedade deve oferecer uma segunda chance, e você deve dar essa oportunidade a si mesmo.

CONSIDERAÇÕES FINAIS

Ao cumprir sua pena, você não deve mais nada a ninguém. Sua dívida com a sociedade estará paga, e isso abre espaço para um novo começo, livre de culpas e com a chance de reescrever sua história. Use cada dia como uma preparação para esse recomeço e lembre-se de que o passado não te define; são suas escolhas de hoje e amanhã que realmente importam. A vida está oferecendo uma nova oportunidade, e você tem o poder de aproveitá-la ao máximo.

~~~

O PODER DO PERDÃO E DA RECONCILIAÇÃO: UM CAMINHO PARA A PAZ INTERIOR

O perdão é uma palavra simples, mas seu impacto é profundo. Perdoar nem sempre é fácil, e muitas vezes é ainda mais desafiador perdoar a si mesmo. No entanto, o perdão é essencial para alcançar a paz interior e reconstruir a própria vida. Para quem está na prisão, onde os erros do passado pesam no coração e na mente, o perdão se torna uma porta para a liberdade emocional. Hoje, vamos explorar o valor do perdão e da reconciliação e como eles podem ajudar a transformar sua vida de dentro para fora.

Perdoe a Si Mesmo

Perdoar a si mesmo pode ser uma das tarefas mais difíceis, mas também é uma das mais necessárias para seguir em frente. Todos cometemos erros, mas ficar preso ao arrependimento constante não muda o passado, apenas prolonga o sofrimento.

Perdoar-se não é justificar o que foi feito, mas reconhecer que você errou, aceitar sua humanidade e decidir aprender com essas falhas para se tornar melhor. O perdão próprio permite que você libere o peso da culpa que carrega, sendo o primeiro passo para se transformar na melhor versão de si mesmo.

Cada dia é uma nova oportunidade para recomeçar, e o perdão é a chave que abre essa porta. Quando você escolhe perdoar-se, escolhe a liberdade emocional e o direito de seguir em frente com leveza e determinação.

Perdoe os Outros

Assim como é importante perdoar a si mesmo, perdoar os outros também é crucial. Talvez você tenha sido ferido por alguém ou sinta que a vida foi injusta. O ressentimento e o ódio, no entanto, apenas ampliam o sofrimento e te prendem ao passado.

Perdoar não significa esquecer ou justificar o que aconteceu, mas se libertar da carga emocional que esses sentimentos geram. É um ato de coragem e compaixão que permite encontrar paz interior.

O perdão aos outros é um presente que você dá a si mesmo. Ele elimina a influência negativa que os atos de outras pessoas podem ter sobre sua vida e abre espaço para emoções mais positivas, como amor e gratidão.

Reconciliação: Um Caminho para a Cura

O perdão e a reconciliação caminham juntos. Reconciliar-se não significa necessariamente retomar relações com quem te machucou, mas sim fazer as pazes com o passado.

A reconciliação também pode ser consigo mesmo. Talvez você sinta que não correspondeu às suas próprias expectativas. Reconciliar-se consigo é aceitar seus erros, aprender com eles e se comprometer a fazer melhor no futuro. É um ato de amor-próprio que traz calma ao coração e força para seguir em frente.

Estratégias para Praticar o Perdão e a Reconciliação

Reflita Sobre a Dor: Para perdoar, é necessário reconhecer o que te machucou. Reflita sobre o que aconteceu, como isso impactou sua vida e como você pode se libertar dessa dor.

Entenda a Humanidade em Todos: Reconhecer que ninguém é perfeito, incluindo você, ajuda a ver os outros com mais empatia. Todos enfrentam lutas internas, e essa perspectiva torna o perdão mais acessível.

Libere o Ressentimento: O ressentimento é um peso que só te prejudica. Perdoar é escolher deixar esse peso para trás, sem validar as ações erradas de outros.

Foque no Presente: O perdão permite que você se liberte do passado e viva plenamente o presente. Use sua energia para construir algo positivo hoje.

Escreva Seus Sentimentos: Colocar no papel o que você sente pode ser um alívio poderoso. Escreva sobre seus erros, mágoas e emoções; isso ajuda a processá-los e a encontrar clareza.

Medite e Reflita: Pratique a meditação ou reserve um momento de silêncio para se conectar consigo. Isso ajuda a acalmar a mente e criar espaço para o perdão.

Converse com Alguém de Confiança: Compartilhar suas experiências e sentimentos com alguém de confiança pode ser muito terapêutico. Receber apoio durante o processo de perdão torna o caminho mais leve.

Os Benefícios do Perdão

O perdão traz inúmeros benefícios, como a redução do estresse, maior bem-estar emocional e uma profunda paz interior. Ele fortalece suas relações, ajuda a encarar a vida com mais positividade e permite avançar com clareza e propósito, livre de sentimentos negativos.

CONSIDERAÇÕES FINAIS

O perdão e a reconciliação são passos essenciais para alcançar a paz interior e reconstruir sua vida. Perdoar a si mesmo, perdoar os outros e se reconciliar com o passado são atos de coragem e compaixão que libertam você do peso do ressentimento. Mesmo em um ambiente desafiador, o poder do perdão está dentro de você e pode transformar sua vida. Lembre-se: cada dia é uma nova chance de escolher a paz, o amor e o crescimento.

~~~

A IMPORTÂNCIA DA GRATIDÃO: ENCONTRANDO LUZ NOS MOMENTOS DIFÍCEIS

A vida é cheia de desafios, especialmente em momentos difíceis, como estar na prisão. É fácil cair no desânimo e perder de vista tudo o que ainda temos e pelo que podemos ser gratos. No entanto, mesmo em meio à adversidade, sempre há razões para sentir gratidão. Cultivar esse sentimento pode transformar nossa atitude e a forma como enfrentamos os problemas. Hoje, quero falar sobre a importância da gratidão e como esse poderoso sentimento pode te ajudar a cultivar uma atitude mais positiva, mesmo nas circunstâncias mais complicadas.

O Que é Gratidão?

A gratidão é a capacidade de reconhecer e valorizar o que há de bom em nossa vida, por menor que seja. Não significa ignorar as dificuldades ou fingir que tudo está bem, mas direcionar nossa atenção ao que nos traz paz, alegria ou conforto, mesmo que seja algo simples.

Gratidão vai além de dizer "obrigado"; é sentir, reconhecer e valorizar profundamente o que temos. Em um contexto difícil como a prisão, a gratidão pode parecer distante. Mas a verdade é que sempre há algo pelo que podemos ser gratos: nossa saúde, o apoio de alguém querido, uma conversa significativa ou até o simples fato de termos uma nova chance a cada dia para aprender e crescer. Esses pequenos momentos são fontes de luz, mesmo nos lugares mais sombrios.

A Gratidão Como Ferramenta de Transformação

Cultivar a gratidão impacta profundamente nossa forma de enxergar a vida. Quando escolhemos focar no que temos, em vez do que nos falta, mudamos nossa perspectiva e fortalecemos nossa capacidade de lidar com adversidades.

A gratidão também nos conecta aos outros. Reconhecer o apoio recebido e valorizar a ajuda ou palavras de incentivo fortalece os relacionamentos e cria um ambiente de reciprocidade. Esse ciclo positivo nos ajuda a manter uma atitude mais esperançosa e focada no crescimento pessoal.

Praticando a Gratidão em Momentos Difíceis

Encontre Algo Positivo Todos os Dias: Por mais desafiador que seja, todo dia tem algo positivo. Pode ser um momento de tranquilidade, uma boa conversa ou simplesmente estar vivo e ter mais uma oportunidade. Reserve um tempo diário para refletir sobre algo pelo que você é grato. Escrever em um diário de gratidão pode ajudar a manter esse hábito e a reconhecer as coisas boas em sua vida.

Agradeça às Pessoas ao Seu Redor: Reconhecer o impacto positivo de outras pessoas em sua vida é uma forma poderosa de cultivar gratidão. Pode ser um amigo, um familiar ou alguém que te apoiou em um momento difícil. Expressar sua gratidão fortalece os laços e te lembra de que você não está sozinho.

Valorize as Pequenas Coisas: Gratidão não é apenas sobre grandes conquistas. É também sobre apreciar as coisas simples: o calor do sol, o ar fresco, o sabor de uma refeição. Quando aprendemos a valorizar esses detalhes, treinamos nossa mente para encontrar alegria no cotidiano.

Como a Gratidão Melhora Sua Atitude

A prática da gratidão transforma nossa atitude diante da vida. Quando escolhemos ser gratos, passamos a enxergar a vida de forma mais positiva. A gratidão nos ajuda a focar no que temos, em vez de lamentar o que nos falta, fortalecendo nossa resiliência emocional e nos capacitando a enfrentar os desafios com mais serenidade.

A gratidão também reduz o estresse e a ansiedade. Ao concentrar-se nas coisas boas, diminuímos o impacto de pensamentos negativos e cultivamos um ambiente mental mais saudável. Ela nos conecta ao momento presente, ajudando-nos a deixar de lado as preocupações com o passado ou o futuro, e a encontrar paz no que temos hoje.

CONSIDERAÇÕES FINAIS

A gratidão é uma poderosa aliada para encontrar luz nos momentos difíceis e cultivar uma atitude positiva diante das adversidades. Mesmo em um contexto desafiador, sempre há algo pelo que podemos ser gratos. Praticar a gratidão nos ajuda a valorizar o que temos, fortalecer nossos relacionamentos e construir uma resiliência emocional mais sólida.

Hoje, te convido a tirar um momento para refletir sobre o que você tem a agradecer. Permita que esse sentimento transforme sua vida, trazendo esperança, paz e uma perspectiva mais leve e positiva.

~~~

COMO ENFRENTAR O ESTIGMA E A DISCRIMINAÇÃO: CONSTRUINDO RESILIÊNCIA E CAMINHANDO COM DIGNIDADE

Sair da prisão é um momento cheio de esperança e oportunidades, mas também pode trazer desafios, como o estigma social e a discriminação. Muitas vezes, quem cumpriu uma pena enfrenta julgamentos da sociedade que dificultam a reintegração e a construção de uma nova vida. No entanto, é possível lidar com essa realidade de forma resiliente e positiva. Hoje, quero compartilhar algumas estratégias para te ajudar a enfrentar o estigma e a discriminação e a caminhar rumo a um futuro cheio de possibilidades e dignidade.

Reconhecendo o Estigma

O estigma social aparece na forma de julgamentos negativos, olhares de reprovação, comentários prejudiciais ou dificuldades para encontrar trabalho e moradia. Reconhecer que o estigma existe é o primeiro passo para aprender a enfrentá-lo. Esses julgamentos geralmente vêm da falta de compreensão ou do medo, e, embora você não possa mudar a opinião dos outros, pode mudar a forma como reage a eles.

O estigma não define quem você é nem o que pode conquistar. Você é muito mais do que os erros do passado e tem o poder de construir uma nova vida. Quando entende que o estigma é uma percepção externa, pode focar no que realmente importa: o seu crescimento pessoal, o seu bem-estar e o futuro que deseja criar.

Construa Resiliência Emocional

Uma das chaves para enfrentar o estigma e a discriminação é construir resiliência emocional. Essa habilidade te ajuda a permanecer forte diante das adversidades e a seguir em frente, mesmo com os obstáculos.

Lembre-se de tudo o que já superou. Reflita sobre os desafios que enfrentou e a força que demonstrou. Cada obstáculo vencido prova sua capacidade de se adaptar e seguir em frente. Concentrar-se na sua capacidade de superação te dará força para lidar com o estigma com confiança e determinação.

Cerque-se de Pessoas que Te Apoiem

O apoio de pessoas que acreditam em você pode fazer uma grande diferença no seu processo de reintegração. Cerque-se de amigos, familiares e organizações que te incentivem a avançar. Essas pessoas podem oferecer palavras de encorajamento, ajudar em momentos difíceis e te motivar a manter uma perspectiva positiva.

Procure grupos de apoio ou comunidades voltadas para pessoas em situações similares. Esses grupos costumam ser formados por pessoas que entendem o que você está passando e podem oferecer recursos e apoio emocional. Estar perto de quem te compreende e apoia é uma fonte poderosa de força para enfrentar o estigma.

Foque no que Está ao Seu Alcance

Embora não seja possível controlar o que os outros pensam de você, é possível controlar suas reações e escolhas. Em vez de se concentrar no julgamento alheio, foque no que pode fazer para melhorar sua situação e construir a vida que deseja.

Invista no seu desenvolvimento pessoal, aprenda novas habilidades, busque oportunidades de trabalho e mantenha uma atitude positiva. Mostre, através das suas ações, que está comprometido com uma nova etapa. Às vezes, a melhor maneira de combater o estigma é com exemplos concretos: suas escolhas e comportamentos podem mostrar quem você realmente é.

Não se Defina pelo Estigma

O estigma pode te fazer sentir menos capaz ou insuficiente, mas isso é apenas uma percepção externa. Não permita que os erros do passado ou as opiniões negativas determinem seu valor. Você tem talentos, habilidades e o poder de construir uma nova história.

Cada dia é uma oportunidade de crescimento, aprendizado e realização. Não deixe que o estigma limite seu potencial ou te faça duvidar do que é capaz de alcançar. Foque nas suas fortalezas, nas lições aprendidas e no futuro que deseja criar.

CONSIDERAÇÕES FINAIS

Enfrentar o estigma e a discriminação ao sair da prisão não é fácil, mas é possível. Reconheça que o estigma não define quem você é nem o que pode alcançar. Construa resiliência emocional, cerque-se de pessoas que te apoiem, concentre-se no que está ao seu alcance e não permita que os julgamentos alheios limitem suas possibilidades. Você tem o poder de escrever uma nova história e de provar que a mudança é possível. Caminhe com a cabeça erguida, com dignidade e com a certeza de que é muito mais do que seu passado.

~~~

GERENCIAMENTO DO ESTRESSE E ANSIEDADE: ESTRATÉGIAS PARA ENCONTRAR A CALMA EM MOMENTOS DIFÍCEIS

A vida na prisão pode ser uma experiência profundamente estressante. As restrições, a incerteza sobre o futuro, a solidão e os desafios do dia a dia podem gerar altos níveis de ansiedade. No entanto, mesmo nessas circunstâncias, é possível encontrar formas de lidar com o estresse e recuperar a calma. Hoje, quero compartilhar algumas estratégias eficazes para gerenciar o estresse e a ansiedade enquanto você está na prisão, usando técnicas como respiração profunda, meditação, exercício físico e mindfulness.

Compreendendo o Estresse e a Ansiedade

O estresse e a ansiedade são respostas naturais a situações difíceis. Quando estamos sob pressão, nosso corpo reage com a resposta de "luta ou fuga". Porém, quando essa reação ocorre constantemente, pode prejudicar nosso bem-estar físico e mental. Sentir estresse ou ansiedade não é sinal de fraqueza, mas uma reação natural a um ambiente desafiador.

O importante é aprender a lidar com essas emoções para reduzir seu impacto e manter uma mente mais clara e focada.

Técnicas para Gerenciar o Estresse e a Ansiedade

Respiração Profunda: É uma das técnicas mais eficazes para reduzir o estresse. Quando estamos estressados, a respiração se torna rápida e superficial. Praticar a respiração profunda acalma o sistema nervoso e envia ao cérebro a mensagem de que está tudo bem.

Como praticar:

-Encontre um lugar tranquilo e sente-se confortavelmente.

-Inspire profundamente pelo nariz por 4 segundos, segure o ar por 4 segundos e expire lentamente pela boca por 6 a 8 segundos.

-Repita esse ciclo várias vezes, concentrando-se no ritmo da sua respiração.

Meditação: Ajuda a acalmar a mente e a se concentrar no presente. Não requer muito tempo nem equipamentos especiais; apenas alguns minutos por dia são suficientes para encontrar a paz interior.

Como começar:

-Sente-se em um lugar silencioso, feche os olhos e foque na sua respiração.

-Se sua mente começar a vagar, volte sua atenção para a respiração.

-Comece com sessões curtas de 5 a 10 minutos e aumente gradualmente o tempo.

Exercício Físico: Libera endorfinas, os "hormônios da felicidade", que ajudam a reduzir o estresse e melhorar o humor.

Opções práticas na prisão:

-Faça exercícios como flexões, agachamentos, abdominais ou caminhe nos espaços disponíveis.

-Dedique de 20 a 30 minutos diários a uma rotina física simples para sentir os benefícios.

Mindfulness: Consiste em prestar atenção plena ao presente sem julgamentos, ajudando a reduzir a ansiedade ao focar no "aqui e agora".

Como integrar no dia a dia:

-Concentre-se nas sensações físicas, nos sons ao seu redor ou no sabor dos alimentos.

-O segredo é estar plenamente presente no que faz, sem distrações.

Crie uma Rotina para Reduzir o Estresse

Incorporar essas técnicas em uma rotina diária traz uma sensação de controle e estrutura, essenciais para o bem-estar emocional. Comece o dia com exercícios de respiração ou meditação, dedique tempo ao exercício físico e pratique mindfulness ao longo do dia. A constância é fundamental para perceber os efeitos positivos no seu humor e bem-estar geral.

CONSIDERAÇÕES FINAIS

O estresse e a ansiedade são reações naturais, mas não precisam controlar sua vida. Com técnicas como respiração profunda, meditação, exercício físico e mindfulness, é possível lidar com essas emoções e encontrar a calma, mesmo em um ambiente desafiador como a prisão. Criar uma rotina diária que inclua essas práticas ajudará a reduzir o impacto do estresse, fortalecer sua mente e manter uma atitude positiva. Embora não seja possível mudar as circunstâncias atuais, você pode decidir como enfrentá-las.

~~~

IMPORTÂNCIA DA EDUCAÇÃO E DO APRENDIZADO CONTÍNUO: UM MOTOR DE MUDANÇA E OPORTUNIDADES

A educação tem o poder de transformar vidas e abrir portas para novas oportunidades, especialmente quando se trata de recomeçar. Não importa em que fase da vida você esteja, o aprendizado contínuo pode ser uma ferramenta poderosa para promover mudanças pessoais e construir um futuro melhor. Hoje, quero falar sobre a importância da educação, tanto formal quanto informal, e como ela pode ser um motor de transformação, ajudando você a abrir novas portas e descobrir novas possibilidades.

A Educação Como Ferramenta de Transformação

A educação vai além do que aprendemos em sala de aula ou de obter um diploma. Ela nos ajuda a entender melhor o mundo, desenvolver habilidades e encontrar novas formas de resolver problemas. A educação muda a forma como pensamos, nos auxilia a tomar decisões melhores e a levar uma vida mais plena.

Para quem já passou um tempo na prisão, a educação pode ser a ponte para uma nova vida. Aprender uma nova habilidade, obter um diploma ou adquirir conhecimento em uma área de interesse pode fazer toda a diferença ao se reintegrar à sociedade. A educação dá confiança para reconhecer que você tem algo valioso a oferecer, o que é essencial para construir uma nova versão de si mesmo.

Benefícios do Aprendizado Contínuo

O aprendizado não tem limite de idade nem condições específicas; sempre há algo novo para aprender. Confira alguns benefícios do aprendizado contínuo:

Amplia Oportunidades de Trabalho: O conhecimento e as habilidades adquiridas por meio da educação abrem novas portas no mercado de trabalho. Aprender um ofício, desenvolver habilidades técnicas ou completar estudos acadêmicos pode ajudá-lo a encontrar um emprego e construir uma vida estável. Além disso, novas competências o tornam mais competitivo e permitem acessar empregos que antes pareciam fora de alcance.

Desenvolve Confiança e Autoestima: O aprendizado não apenas proporciona conhecimento, mas também aumenta sua confiança. Ao adquirir algo novo, você percebe que é capaz de superar desafios e aprender habilidades que antes não tinha. Essa confiança é essencial para enfrentar os desafios com coragem e alcançar suas metas.

Ajuda a Se Adaptar a Mudanças: O mundo está em constante transformação, e a capacidade de se adaptar é essencial para ter sucesso. A educação e o aprendizado contínuo mantêm você atualizado e preparado para as novas demandas do mercado de trabalho e da sociedade. Quanto mais você aprende, mais preparado estará para lidar com mudanças e aproveitar novas oportunidades.

Melhora Habilidades Sociais e de Comunicação: A educação não se limita ao aprendizado técnico; ela também ajuda a desenvolver habilidades sociais e de comunicação. Você melhora sua capacidade de expressar ideias, ouvir os outros e se relacionar de forma eficaz. Essas habilidades são essenciais para construir relacionamentos saudáveis e ter sucesso em qualquer área.

Opções de Educação e Aprendizado Contínuo

A educação não precisa ser sempre formal. Existem muitas formas de aprender e continuar crescendo, mesmo sem acesso a uma escola ou universidade. Aqui estão algumas opções:

Programas Educativos na Prisão: Muitas prisões oferecem programas educacionais, desde aulas básicas até formação profissional. Participar desses programas é uma ótima maneira de aproveitar o tempo e se preparar para o futuro. Inscreva-se em cursos que despertem seu interesse ou que sejam úteis para suas metas.

Leitura e Autoaprendizado: A leitura é uma ferramenta poderosa. Existem livros sobre uma grande variedade de temas, desde habilidades práticas até desenvolvimento pessoal. Ler permite que você aprenda no seu próprio ritmo e explore assuntos que chamem sua atenção. Além disso, o autoaprendizado por meio de livros, revistas ou vídeos educativos é uma forma eficaz de continuar evoluindo.

Cursos Online: Se tiver acesso à internet, cursos online são uma excelente alternativa. Muitas plataformas oferecem cursos gratuitos ou com preços acessíveis sobre diversos temas, de habilidades técnicas a desenvolvimento pessoal. Esses recursos podem ajudá-lo a adquirir competências úteis para sua reintegração à sociedade.

Compromisso com o Aprendizado

O aprendizado contínuo exige compromisso e perseverança. Pode ser difícil ou frustrante, especialmente quando os resultados não aparecem imediatamente, mas cada pequeno passo aproxima você de seus objetivos. Comprometa-se a aprender algo novo todos os dias, seja lendo, participando de um curso ou conversando com alguém que tenha conhecimentos diferentes dos seus.

Aprender não só ajudará a construir uma vida melhor para você, mas também o tornará um exemplo para outros que buscam mudanças. O aprendizado é uma ferramenta poderosa para transformar não apenas sua vida, mas também o ambiente ao seu redor.

CONSIDERAÇÕES FINAIS

A educação e o aprendizado contínuo são motores de mudança e oportunidades. Não importa em que momento da vida você esteja, sempre há algo novo para aprender e sempre existe a chance de crescer. Aproveite cada oportunidade de aprendizado, seja formal ou informal, e comprometa-se a se tornar a melhor versão de si mesmo. O aprendizado é a chave que abrirá novas portas e permitirá que você construa o futuro que deseja.

~~~

HABILIDADES PARA A VIDA E O TRABALHO PÓS-PRISÃO: CONSTRUINDO UM FUTURO PRODUTIVO E MOTIVADOR

Sair da prisão marca o início de uma nova etapa, cheia de desafios e oportunidades. Para ter sucesso na reintegração à sociedade, é essencial adquirir habilidades práticas tanto para a vida cotidiana quanto para o ambiente de trabalho. Essas habilidades não só ajudam você a ser mais independente e produtivo, mas também a construir um futuro com propósito e estabilidade. Hoje, quero compartilhar com você as habilidades que podem ajudá-lo a dar os primeiros passos em direção a uma nova vida e a enxergar um futuro mais produtivo e motivador.

Habilidades para a Vida Cotidiana

Adaptar-se à vida fora da prisão pode ser desafiador, mas existem habilidades práticas que ajudam a ser mais independente e a alcançar o sucesso. Algumas delas incluem:

Gestão de Dinheiro e Finanças Pessoais: Aprender a lidar com o dinheiro é fundamental para viver de forma independente e evitar problemas financeiros. Isso inclui aprender a fazer um orçamento, economizar e administrar seus rendimentos de maneira eficaz. Criar um orçamento mensal ajuda a controlar os gastos e economizar para o futuro. Conhecer conceitos básicos como poupança, gerenciamento de dívidas e evitar gastos desnecessários é uma habilidade essencial.

Tomada de Decisões: Tomar decisões acertadas é uma habilidade indispensável para enfrentar os desafios do dia a dia. Isso envolve avaliar as opções disponíveis, considerar as consequências e escolher o melhor caminho para seu bem-estar. Decisões conscientes são cruciais para construir uma vida estável e evitar recaídas em padrões negativos.

Resolução de Problemas: A vida cotidiana apresenta desafios constantes, e a capacidade de resolvê-los é essencial. Resolver problemas exige analisar a situação, buscar alternativas e escolher a melhor solução. Manter uma atitude proativa e focar em soluções, em vez de problemas, ajuda você a superar obstáculos com confiança.

Comunicação Eficaz: Saber se comunicar é essencial para construir relações saudáveis e se sair bem em qualquer ambiente. Aprender a se expressar de forma clara, ouvir atentamente e respeitar as opiniões dos outros contribui para estabelecer conexões positivas com familiares, colegas de trabalho e empregadores. Além disso, a comunicação eficaz ajuda a resolver conflitos de maneira pacífica e construtiva.

Habilidades para o Trabalho

O ambiente de trabalho é um dos aspectos mais importantes para uma reintegração bem-sucedida. Ter um emprego não só garante renda, mas também oferece um senso de propósito. Algumas habilidades essenciais incluem:

Habilidades Técnicas: São competências específicas necessárias para desempenhar certas funções. Aprender um ofício ou desenvolver habilidades técnicas pode abrir portas para novas oportunidades. Carpintaria, eletricidade, conserto de máquinas, jardinagem e culinária são exemplos de áreas em que você pode investir. Muitas dessas habilidades podem ser aprendidas em cursos e oficinas, até mesmo na prisão.

Habilidades para Procurar Emprego: A busca por um emprego pode ser desafiadora, mas algumas habilidades facilitam esse processo. Aprenda a criar um currículo que destaque suas competências e experiência, pratique entrevistas de emprego e mantenha uma atitude positiva. Também é importante ser persistente; não desista diante de rejeições, continue tentando até encontrar a oportunidade certa.

Trabalho em Equipe: A capacidade de trabalhar em equipe é altamente valorizada em qualquer ambiente profissional. Isso inclui colaborar, respeitar diferentes pontos de vista e contribuir para atingir objetivos comuns.

Demonstrar respeito e disposição para ajudar cria um ambiente de trabalho harmonioso e valoriza sua atuação como empregado.

Gestão de Tempo e Responsabilidade: Ser pontual e cumprir as responsabilidades é fundamental para manter um emprego. A gestão do tempo ajuda a organizar suas atividades diárias e a evitar sobrecarga. Ser responsável e cumprir suas tarefas transmite confiança aos empregadores e contribui para a estabilidade no trabalho.

Preparando-se para um Futuro com Esperança

Adquirir habilidades para a vida e o trabalho não só melhora sua qualidade de vida, mas também aumenta sua confiança e abre portas para um futuro cheio de oportunidades. Use o tempo na prisão para aprender o máximo possível, seja participando de programas educacionais, oficinas ou trocando conhecimentos com outras pessoas. Cada habilidade que você desenvolve é um passo em direção à vida que deseja construir.

Independentemente do quão difícil tenha sido o passado, sempre existe um caminho para seguir em frente, se você decidir trilhá-lo. Invista no seu desenvolvimento pessoal, continue aprendendo e esteja preparado para aproveitar as oportunidades que surgirem. Com as habilidades certas, você poderá enfrentar o futuro com segurança e determinação, construindo uma vida plena e com propósito.

CONSIDERAÇÕES FINAIS

As habilidades para a vida cotidiana e o trabalho são essenciais para uma reintegração bem-sucedida após a prisão. Aprender a gerenciar o dinheiro, tomar decisões conscientes, resolver problemas e se comunicar de forma eficaz é fundamental para o dia a dia, enquanto desenvolver competências técnicas, buscar emprego e trabalhar em equipe é indispensável para o ambiente profissional. Lembre-se de que cada habilidade que você adquire é um passo em direção a um futuro melhor, e o esforço que você faz hoje é o que o levará à vida que deseja amanhã.

___

DESENVOLVIMENTO DE HABILIDADES SOCIAIS E DE COMUNICAÇÃO: A CHAVE PARA UMA REINTEGRAÇÃO BEM-SUCEDIDA

Reintegrar-se à sociedade após um período na prisão é um desafio que vai além de encontrar um emprego ou reorganizar a vida cotidiana. Envolve a capacidade de interagir com outras pessoas, construir relacionamentos saudáveis e fazer parte ativa da comunidade. Para isso, é essencial desenvolver habilidades sociais e de comunicação que permitam criar conexões positivas e genuínas. Hoje, quero compartilhar algumas estratégias para melhorar essas habilidades, fundamentais para uma reintegração bem-sucedida e para construir relacionamentos significativos.

Importância das Habilidades Sociais e de Comunicação

As habilidades sociais são essenciais para se relacionar de forma eficaz com as pessoas ao seu redor. Elas incluem a capacidade de ouvir, expressar pensamentos e emoções de maneira clara, demonstrar empatia e resolver conflitos de forma pacífica. Essas habilidades não apenas ajudam a manter bons relacionamentos, mas também são fundamentais no ambiente de trabalho e na integração com a comunidade.

Já a comunicação eficaz é a base de todas as relações humanas. Saber expressar suas ideias de forma clara e respeitosa, assim como ouvir e compreender os outros, é essencial para estabelecer conexões positivas. Comunicar-se bem evita mal-entendidos, ajuda a resolver conflitos e demonstra respeito e comprometimento com os outros.

Estratégias para Desenvolver Habilidades Sociais e de Comunicação

Pratique a Escuta Ativa: A escuta ativa vai além de apenas ouvir palavras; trata-se de entender o que a outra pessoa está realmente comunicando, tanto verbalmente quanto por meio da linguagem corporal.

Dica prática: Mantenha contato visual, faça sinais afirmativos com a cabeça e faça perguntas para mostrar interesse. Isso fará com que a outra pessoa se sinta valorizada e fortalecerá a relação.

Expresse Seus Sentimentos e Necessidades de Forma Clara: Para uma comunicação eficaz, é essencial expressar sentimentos e necessidades de maneira assertiva e honesta, sem ser agressivo.

Dica prática: Use a linguagem do "eu" para expressar suas emoções. Por exemplo, diga: *"Eu me sinto frustrado quando isso acontece"* em vez de *"Você está sempre errado"*. Isso evita que o outro se sinta atacado e promove um diálogo aberto.

Pratique a Empatia: Empatia é a capacidade de se colocar no lugar do outro e compreender como ele se sente. Isso ajuda a criar conexões mais profundas e significativas.

Dica prática: Quando alguém compartilhar um problema ou sentimento, tente imaginar como você se sentiria na mesma situação. Use frases como: *"Entendo que isso deve ser difícil para você"* para mostrar apoio.

Desenvolva a Resolução de Conflitos: Conflitos são inevitáveis, mas a forma como você os gerencia faz toda a diferença. Resolver conflitos de maneira pacífica e construtiva é uma habilidade social indispensável.

Dica prática: Em vez de tentar "vencer" uma discussão, foque na resolução do problema. Pergunte: *"Como podemos resolver isso juntos?"* e busque uma solução que funcione para ambas as partes.

Atenção à Linguagem Corporal: A comunicação não é apenas verbal; gestos, expressões faciais e o tom de voz também comunicam mensagens importantes.

Dica prática: Adote uma postura aberta, evite cruzar os braços e mantenha contato visual para transmitir confiança. Sorrir e usar um tom de voz calmo ajudam a criar um ambiente mais positivo durante a conversa.

Prática Diária e Reflexão

Desenvolver habilidades sociais e de comunicação exige prática constante e autorreflexão. Não se desanime se parecer difícil no início; cada interação é uma oportunidade para aprender e melhorar. Após cada situação, reflita sobre como você se comunicou e pense em como pode fazer melhor na próxima vez.

Observe pessoas que você admira como bons comunicadores. Aprenda como elas se expressam, ouvem e resolvem conflitos. Imitar esses comportamentos pode ajudá-lo a desenvolver suas próprias habilidades e a melhorar suas interações.

CONSIDERAÇÕES FINAIS

O desenvolvimento de habilidades sociais e de comunicação é essencial para uma reintegração bem-sucedida. Praticar a escuta ativa, aprender a expressar seus sentimentos com assertividade, demonstrar empatia, resolver conflitos e prestar atenção à linguagem corporal ajudará você a construir relacionamentos mais saudáveis e significativos. A comunicação eficaz não só beneficiará sua vida pessoal, mas também sua integração no ambiente de trabalho e na comunidade, permitindo uma vida mais plena e conectada com os outros.

~~~

O VALOR DA CONTRIBUIÇÃO E DO SERVIÇO: ENCONTRANDO PROPÓSITO ATRAVÉS DO APOIO AOS OUTROS

Um dos maiores desafios enfrentados por pessoas na prisão é o sentimento de falta de propósito e desconexão com a comunidade. O ambiente pode ser isolador, e é comum pensar que não há nada valioso a oferecer. No entanto, mesmo dentro da prisão, cada pessoa tem a capacidade de contribuir e ser uma fonte de apoio para os outros. Hoje, quero falar sobre o valor da contribuição e do serviço ao próximo, e como isso pode dar sentido e propósito à sua vida, mesmo em um contexto desafiador.

O Poder da Contribuição

Contribuir para a comunidade e ajudar os outros são formas poderosas de dar propósito à vida. A contribuição nos conecta com as pessoas e nos faz sentir parte de algo maior, mostrando que nossa vida tem valor e um impacto positivo. Muitas vezes, pensamos que só é possível contribuir fora da prisão, mas existem diversas maneiras de oferecer apoio, mesmo em um ambiente fechado.

Ajudar outra pessoa, seja compartilhando conhecimentos, oferecendo palavras de incentivo ou simplesmente ouvindo, cria um impacto positivo tanto na vida dessa pessoa quanto na sua. Contribuir gera satisfação, pertencimento e propósito, transformando situações difíceis em oportunidades para crescer e fazer a diferença.

Formas de Contribuir Dentro da Prisão

Apoio Emocional aos Companheiros: Muitas vezes, a melhor maneira de ajudar é estar presente e oferecer suporte emocional. A prisão pode ser um lugar solitário, e muitas pessoas enfrentam momentos de angústia. Ser um apoio para quem precisa, ouvir sem julgar e oferecer palavras de incentivo pode causar um impacto profundo.

Compartilhar Conhecimentos: Todos têm algo único para ensinar. Talvez você saiba sobre jardinagem, carpintaria, matemática ou leitura. Compartilhar suas habilidades ajuda os outros a crescer e também traz um sentido de realização pessoal.

Participar de Atividades Comunitárias: Muitas prisões oferecem programas que envolvem os reclusos em atividades que beneficiam tanto a comunidade interna quanto, em alguns casos, a externa. Participar dessas atividades permite que você contribua de maneira prática e faça parte de algo positivo.

Apoiar nas Tarefas Cotidianas: Dentro da prisão, há tarefas diárias que ajudam no bem-estar de todos. Colaborar com a limpeza, ajudar na cozinha ou em outras responsabilidades diárias é uma maneira de servir à comunidade e melhorar o ambiente coletivo.

Benefícios de Contribuir para os Outros

A contribuição traz benefícios tanto para quem recebe quanto para quem oferece ajuda. Ao servir aos outros, você passa a focar no que pode fazer, em vez de se prender às limitações. Esse foco no positivo ajuda a reduzir o estresse e a ansiedade, além de proporcionar um sentimento de utilidade e conexão.

Contribuir também desenvolve habilidades sociais e emocionais, como empatia, comunicação e paciência. Essas habilidades são fundamentais para a reintegração na sociedade, ajudando a construir relacionamentos mais saudáveis e a lidar melhor com diferentes situações. Além disso, ajudar os outros permite que você seja uma influência positiva, mostrando que, apesar dos erros do passado, é possível fazer o bem e causar um impacto positivo.

Encontrando Propósito e Sentimento de Pertencimento

Contribuir para a comunidade cria um senso de pertencimento. Ao ajudar os outros, você percebe que é parte de algo maior, que sua vida tem impacto e que você pode fazer a diferença. Esse sentimento de pertencimento dá propósito, algo pelo qual vale a pena se esforçar todos os dias, motivando você a melhorar e seguir em frente.

Contribuir também ajuda a mudar a narrativa sobre si mesmo. Em vez de se prender aos erros do passado, você pode focar no bem que está fazendo agora. Esse novo foco é essencial para construir uma nova identidade e desenvolver a confiança necessária para se reintegrar à sociedade de forma positiva.

CONSIDERAÇÕES FINAIS

O valor da contribuição e do serviço aos outros é imenso. Mesmo em um ambiente desafiador como a prisão, há muitas maneiras de ajudar, apoiar e fazer a diferença. Contribuir permite encontrar propósito, reduzir o estresse, desenvolver habilidades e sentir-se parte de algo maior. Hoje, convido você a buscar formas de contribuir com a comunidade, ser um apoio para os outros e encontrar no serviço um sentido de pertencimento e propósito para sua vida.

~~~

RECONSTRUÇÃO DE RELAÇÕES COM ENTES QUERIDOS: CURANDO LAÇOS E RECONSTRUINDO CONEXÕES

A vida na prisão não afeta apenas quem cumpre a pena, mas também seus entes queridos: pais, filhos, parceiros, irmãos e amigos. As relações podem se tornar tensas ou até se romper devido à dor, à distância e aos desafios enfrentados durante esse período. No entanto, sempre existe a possibilidade de curar e reconstruir esses laços. A reintegração na sociedade não se resume a encontrar trabalho e se adaptar ao ambiente, mas também a reconectar-se com a família e os amigos. Hoje, quero falar sobre como trabalhar para reconstruir relações danificadas e construir uma nova base de amor e apoio com as pessoas que você ama.

Compreender a Dor dos Outros

O primeiro passo para reconstruir relações é reconhecer o impacto que sua ausência teve na vida de seus entes queridos. Eles também sofreram, enfrentando tristeza, raiva ou até confusão. Reconhecer e validar esses sentimentos é essencial para começar o processo de reconstrução.

Mostre empatia e tente se colocar no lugar deles para compreender a dor que sentiram. Reconhecer o sofrimento pelo qual passaram abrirá as portas para o diálogo e a cura mútua. Este ato de compreensão fortalecerá a conexão e facilitará a reconciliação.

Comunicação Aberta e Humildade

A comunicação aberta é fundamental para reconstruir qualquer relação. Fale honestamente sobre seus sentimentos, arrependimentos e planos para o futuro. Pedir desculpas pode ser difícil, mas é um passo necessário para curar os danos causados.

Ouvir é tão importante quanto falar. Mostre disposição para ouvir sem interromper ou justificar suas ações. Isso demonstrará que você valoriza as emoções e opiniões dos outros, criando um ambiente de confiança e compreensão mútua que favorecerá a reconstrução do relacionamento.

Tempo e Paciência: Respeitar o Processo

As relações não se curam do dia para a noite. Seus entes queridos podem precisar de tempo para cicatrizar e se adaptar às mudanças. A paciência é essencial para demonstrar seu comprometimento com o processo. Não desista se não perceber resultados imediatos; a constância e a sinceridade ao longo do tempo são fundamentais.

Haverá altos e baixos no caminho para a reconciliação. O importante é não desistir e continuar mostrando disposição para melhorar o relacionamento. Pequenos gestos, como enviar uma mensagem, escrever uma carta ou simplesmente estar presente, podem fazer uma grande diferença.

Restaurar a Confiança

A confiança é a base de qualquer relação e, se foi abalada, precisa ser reconstruída com ações concretas. A confiança é conquistada dia após dia, com consistência e coerência. Honre suas promessas e evite assumir compromissos que não possa cumprir. Mostre com atitudes que está empenhado em mudar e recuperar a confiança de seus entes queridos.

Criar Novas Experiências Juntos

Uma das melhores maneiras de fortalecer uma relação é criar novas experiências positivas juntos. Após recuperar sua liberdade, busque formas de passar tempo de qualidade com seus entes queridos, como compartilhar uma refeição, caminhar ou simplesmente conversar.

Essas novas experiências ajudarão a deixar para trás a dor do passado e a criar lembranças felizes. O tempo compartilhado permitirá que todos se redescubram e reforcem a conexão emocional, demonstrando seu compromisso em estar presente e ser uma parte significativa da vida de quem você ama.

CONSIDERAÇÕES FINAIS

Reconstruir relações com entes queridos após um período na prisão é um processo desafiador, mas possível. Com empatia, comunicação aberta, paciência e disposição para mudar, é possível curar as feridas do passado e criar uma base sólida para o futuro. A confiança é reconstruída com ações, e pequenos gestos de amor e compreensão podem fazer uma grande diferença. Reintegrar-se também significa reconectar-se com aqueles que o amam, e nunca é tarde para começar a curar esses laços.

~~~

COMO MANTER A MOTIVAÇÃO A LONGO PRAZO: FOQUE NO SEU FUTURO E EVITE RECAIR EM HÁBITOS DO PASSADO

Sair da prisão representa um novo começo, repleto de oportunidades para construir uma vida melhor. No entanto, também traz desafios que testarão sua motivação e sua capacidade de manter o foco. Manter a motivação a longo prazo é essencial para evitar recaídas em antigos hábitos e seguir avançando rumo a uma vida mais plena e significativa. Hoje, quero compartilhar algumas estratégias para manter sua motivação, mesmo quando as coisas parecerem difíceis.

Motivação Como um Processo Diário

A motivação não é algo que você encontra uma vez e mantém para sempre; é algo que precisa ser cultivado todos os dias. Haverá momentos em que você se sentirá cheio de energia e entusiasmo, e outros em que a motivação parecerá distante. Compreender que a motivação é um processo diário ajuda a se preparar para os desafios e a encontrar maneiras de seguir em frente, mesmo nos momentos mais difíceis.

Estratégias para Manter a Motivação a Longo Prazo:

Estabeleça Metas Claras e Realistas: Ter metas claras ajudará a manter o foco e a saber para onde se dirigir. É fundamental estabelecer tanto metas grandes quanto metas pequenas e alcançáveis a curto prazo. As metas grandes, como conseguir um emprego estável ou reconstruir um relacionamento importante, fornecem uma direção, enquanto as metas pequenas trazem a satisfação constante das conquistas diárias.

Divida suas metas grandes em passos pequenos: Ao dividir uma meta grande em ações menores, você pode avançar passo a passo e sentir que realiza algo todos os dias. Isso permitirá manter o impulso e evitar a sensação de estar sobrecarregado.

Cerque-se de Pessoas Positivas: O ambiente tem um grande impacto na nossa motivação. Cerque-se de pessoas que o apoiem, que o incentivem a ser melhor e que acreditem em você. Procure amigos, familiares ou grupos de apoio que compartilhem seus objetivos e o encorajem a continuar, mesmo quando as coisas ficarem difíceis. O apoio dos outros é essencial para manter a motivação e para lembrar que você não está sozinho em sua jornada.

Celebre suas Conquistas: Muitas vezes, focamos tanto no que ainda falta fazer que esquecemos de reconhecer o que já alcançamos. Celebrar suas conquistas, por menores que sejam, é uma forma poderosa de manter a motivação e de lembrar a si mesmo que está avançando.

Mantenha um diário de conquistas: Anotar suas conquistas diárias ou semanais pode ser uma ferramenta poderosa para manter-se motivado. Ao ver seus progressos por escrito, você perceberá tudo o que já alcançou e se sentirá mais animado a continuar.

Foque no Propósito: Quando enfrentar desafios e a motivação parecer diminuir, lembre-se do motivo de suas ações. Foque no propósito que o impulsiona a seguir em frente: seja o desejo de ser uma versão melhor de si mesmo, o amor por sua família, ou o sonho de construir uma vida estável e significativa. Ter um propósito claro ajudará a manter a motivação, mesmo nos momentos difíceis.

Visualize seu futuro: Reserve alguns minutos por dia para visualizar o futuro que deseja para si. Imagine como será sua vida quando alcançar suas metas, como se sentirá e como serão seus relacionamentos. Essa prática o ajudará a manter-se focado e motivado.

Aprenda com os Fracassos: Os fracassos fazem parte do caminho, mas não devem desmotivá-lo. Em vez de encarar os erros ou retrocessos como derrotas, veja-os como oportunidades de aprendizado. Cada erro é uma lição que o aproxima mais de seus objetivos.

Reflita sobre cada experiência: Quando enfrentar um obstáculo ou fracasso, reflita sobre o que poderia ter feito de maneira diferente e como pode aplicar esse aprendizado no futuro. Isso ajudará a transformar cada experiência em uma oportunidade para melhorar e lhe dará confiança para seguir em frente.

Mantenha uma Rotina Positiva: Ter uma rotina diária estruturada e positiva é uma excelente forma de manter a motivação. Dedique tempo a atividades que o ajudem a crescer e a trazer bem-estar, como exercícios, meditação, leitura ou aprendizado de novas habilidades. A rotina proporciona estabilidade e o ajuda a manter o foco, especialmente quando as circunstâncias se tornam desafiadoras.

CONSIDERAÇÕES FINAIS

Manter a motivação a longo prazo após sair da prisão pode ser desafiador, mas é totalmente possível com as estratégias certas. Definir metas claras, cercar-se de pessoas positivas, celebrar conquistas, focar no propósito, aprender com os fracassos e manter uma rotina positiva são ferramentas essenciais para evitar recaídas e construir uma vida significativa. Lembre-se de que cada dia traz uma nova oportunidade de avançar rumo ao futuro que você deseja, e que o esforço constante é o caminho para alcançar seus sonhos.

~~~

PERGUNTAS NECESSÁRIAS: INTROSPECÇÃO PARA CRESCER

Estar na prisão não significa que nosso desenvolvimento pessoal precise parar. Na verdade, esse pode ser um momento para olhar para dentro e refletir sobre como crescer e se transformar. A introspecção é uma ferramenta poderosa para encontrar clareza, paz e motivação para o futuro. Se você está buscando maneiras de aproveitar esse tempo para evoluir, aqui estão algumas perguntas que podem ajudá-lo a focar e iniciar seu processo de introspecção:

Perguntas para Reflexão:

Quais erros cometi e que lições posso aprender com eles?

Refletir sobre nossos erros não é sobre autocrítica destrutiva, mas sobre aproveitar as lições que eles oferecem. Pergunte-se como pode transformar esses erros em aprendizado e evitar repeti-los.

~~~
~~~

Quais pessoas magoei e como posso me redimir com elas ou comigo mesmo?

Parte do crescimento pessoal é enfrentar o impacto do que fizemos e buscar formas de reparação. Refletir sobre isso permite curar relacionamentos e avançar em direção à paz interior.

~~~

Quais virtudes eu tenho e como posso usá-las para melhorar minha vida e ajudar os outros?

Todos temos qualidades positivas. Identificá-las ajuda a reconhecer seu valor e a pensar em como usá-las para ter um impacto positivo na sua vida e na daqueles ao seu redor.

~~~

Quais hábitos me trouxeram até aqui e quais posso mudar para criar um futuro diferente?

A mudança começa ao identificar padrões prejudiciais. Pergunte-se quais hábitos estão impedindo seu crescimento e como pode substituí-los por outros mais saudáveis.

~~~

Quais sonhos ou metas eu tenho para o futuro, e como posso começar a me preparar hoje para alcançá-los?

A prisão pode ser um momento para refletir sobre o que deseja alcançar ao recuperar a liberdade. Ter uma visão clara das suas metas ajuda a alinhar suas decisões atuais com o futuro que deseja construir.

~~~

O que posso agradecer hoje, apesar das circunstâncias?

Praticar a gratidão, mesmo em situações adversas, ajuda a manter uma mentalidade positiva. Reflita sobre o que você tem, as pessoas que o apoiam e as lições que aprendeu.

~~~

Como posso ser uma versão melhor de mim mesmo a cada dia?

O crescimento pessoal é um processo constante. Pergunte-se quais ações concretas pode tomar diariamente para continuar evoluindo.

~~~

Quais pensamentos negativos me limitam e como posso transformá-los em positivos?

Identificar pensamentos que o impedem é essencial para a mudança. Reflita sobre como transformar esses pensamentos negativos em afirmações que o impulsionem.

~~~

O que me motiva a continuar, mesmo nos momentos mais difíceis?

Conectar-se com suas motivações mais profundas dará força para enfrentar desafios. Pergunte-se o que o inspira a não desistir.

~~~

Como posso me perdoar pelos erros do passado?

O perdão a si mesmo é essencial para o crescimento. Reflita sobre como deixar de se punir pelo passado e aceitar que você tem capacidade de mudar.

~~~

Quais habilidades ou conhecimentos posso adquirir durante esse período para melhorar meu futuro?

Aproveite esse tempo para aprender algo novo. Reflita sobre quais habilidades podem ajudá-lo a construir um futuro melhor e como pode começar a desenvolvê-las.

~~~

Como posso contribuir positivamente para a comunidade dentro da prisão?

Mesmo na prisão, é possível ter um impacto positivo nos outros. Reflita sobre como pode ajudar ou apoiar as pessoas ao seu redor.

~~~

Como posso fortalecer minha resiliência diante das adversidades que enfrento?

A resiliência é a capacidade de se levantar após cada queda. Reflita sobre como desenvolver essa habilidade para superar desafios diários.

~~~

O que significa liberdade interior para mim, e como posso cultivá-la?

A liberdade não é apenas física. Reflita sobre como encontrar liberdade interior, mesmo diante das circunstâncias externas.

~~~

Que tipo de pessoa quero ser quando recuperar minha liberdade?

Visualize a versão de si mesmo que deseja construir. Reflita sobre quais qualidades, atitudes e hábitos gostaria de desenvolver e como pode começar a trabalhar nisso hoje.

~~~

CONSIDERAÇÕES FINAIS

A introspecção é uma ferramenta poderosa para o crescimento pessoal. Mesmo em circunstâncias difíceis, sempre há espaço para transformar nosso interior. Refletir sobre o passado, as motivações e as metas nos dá a clareza necessária para construir um futuro melhor. Lembre-se: toda mudança começa de dentro. Aproveite cada momento para se redescobrir e dar passos em direção à transformação que deseja.

~~~

HISTÓRIAS INSPIRADORAS: UM NOVO COMEÇO É POSSÍVEL

É fácil acreditar que o passado define para sempre o nosso futuro, mas a verdade é que sempre existe a chance de mudar. Estar na prisão pode parecer o fim de tudo, mas muitas vezes é o início de uma jornada de transformação pessoal. A história está repleta de exemplos de pessoas que mudaram suas vidas após passarem pela prisão, mostrando que um novo começo é possível para qualquer pessoa. Vamos explorar algumas histórias inspiradoras que demonstram que, independentemente do quão difícil seja o passado, é sempre possível construir um futuro melhor.

Malcolm X: Transformação Através do Conhecimento

Malcolm X passou um período na prisão e decidiu mudar completamente sua vida. Ele se dedicou à leitura e ao aprendizado sobre suas raízes e história. Estudou política, religião e história, o que despertou sua paixão pela justiça social. Malcolm X tornou-se um líder da comunidade afro-americana e uma figura fundamental na luta pelos direitos civis nos Estados Unidos. Sua história mostra como o conhecimento pode transformar nossas vidas e como um novo começo é possível quando decidimos crescer, mesmo em meio a circunstâncias adversas.

Nelson Mandela: De Prisioneiro a Presidente

Nelson Mandela é um exemplo icônico de como a prisão pode ser um lugar de transformação e crescimento pessoal. Apesar das condições duras e dos longos anos de encarceramento, Mandela nunca perdeu a esperança de ver seu país livre da opressão racial. Durante seu tempo na prisão, ele trabalhou seu autocontrole, paciência e visão de uma África do Sul livre. Após sua libertação, optou pela reconciliação em vez da vingança, liderando seu país rumo à paz e à equidade como o primeiro presidente negro da África do Sul. Sua história é um testemunho de como o perdão, a resiliência e a esperança podem transformar uma vida e uma nação.

Viktor Frankl: Encontrar Propósito em Meio ao Sofrimento

Viktor Frankl foi preso durante um dos períodos mais sombrios da história. Apesar disso, encontrou sentido na dor e na existência. Ele percebeu que as pessoas que conseguiam encontrar um propósito tinham mais chances de superar o sofrimento. Após sua libertação, Frankl escreveu *Em Busca de Sentido*, onde destacou a importância de encontrar um significado para a vida, mesmo em condições adversas. Sua experiência prova que, embora as circunstâncias externas sejam difíceis, o poder da mente e de um propósito nos mantém de pé e nos permite seguir em frente.

Miguel de Cervantes: Criatividade Durante o Encarceramento

Miguel de Cervantes, autor de *Dom Quixote de la Mancha*, passou períodos na prisão em várias ocasiões. Acredita-se que ele tenha escrito partes de sua obra-prima durante o encarceramento. A habilidade de Cervantes de usar seu tempo de maneira construtiva para criar uma das obras mais importantes da literatura universal é um exemplo claro de como um novo começo pode surgir mesmo nas condições mais difíceis.

Fiódor Dostoiévski: O Renascimento Literário

Fiódor Dostoiévski passou vários anos em prisão, experiência que impactou profundamente sua obra. Durante o encarceramento, ele refletiu sobre a natureza humana e a existência, temas centrais em livros como *Os Irmãos Karamázov* e *Crime e Castigo*. Suas profundas reflexões e transformação pessoal durante esse período se tornaram a base de seu legado literário.

Oscar Wilde: Redenção Através da Palavra

Oscar Wilde passou dois anos na prisão, período em que escreveu algumas de suas obras mais tocantes. Sua experiência deu origem a *De Profundis*, uma longa carta sobre sua vida e sofrimento, e *A Balada do Cárcere de Reading*, que captura a essência da vida na prisão e a redenção pessoal.

Wilde encontrou propósito em meio ao sofrimento, usando a arte como meio de cura e transformação.

CONSIDERAÇÕES FINAIS

Essas histórias de pessoas que transformaram suas vidas após a prisão nos lembram que um novo começo é sempre possível. Malcolm X, Nelson Mandela, Viktor Frankl, Miguel de Cervantes, Fiódor Dostoiévski e Oscar Wilde encontraram na adversidade uma oportunidade de mudar, crescer e contribuir positivamente para o mundo. Estar na prisão não define quem você é ou quem será. Sempre é possível escolher mudar, ser melhor e trabalhar por um futuro diferente. A história está cheia de exemplos de pessoas que, mesmo nas circunstâncias mais sombrias, conseguiram acender a luz da mudança e da esperança.

~~~

GLOSSÁRIOS

Este sistema de glossários foi projetado para aprofundar conceitos-chave relacionados à resiliência, ao crescimento pessoal, ao bem-estar emocional e à reconstrução de relações. Seu propósito não é apenas esclarecer termos, mas também inspirar e proporcionar uma compreensão mais profunda dos pilares fundamentais para o seu processo de reintegração social e desenvolvimento pessoal.

Cada palavra foi selecionada com um objetivo claro: ajudá-lo a construir uma nova história, uma história de liberdade, redenção e realização plena de suas potencialidades.

RESILIÊNCIA E CRESCIMENTO PESSOAL

Aceitação: Reconhecer as nossas emoções e circunstâncias como elas são, sem julgá-las. Isso permite que deixemos de resistir ao que não podemos mudar e nos concentremos em melhorar o que está ao nosso alcance.

Adaptação: Habilidade de se ajustar a situações difíceis ou mudanças, sendo flexível e buscando sempre a melhor forma de enfrentar novas realidades.

Autocompaixão: Tratar-se com gentileza e compreensão quando as coisas não saem como planejado. Ajuda a reduzir a autocrítica e a focar no aprendizado e no crescimento pessoal.

Autoconfiança: Acreditar nas nossas capacidades para enfrentar desafios e alcançar metas. Dá-nos a segurança necessária para agir e superar obstáculos.

Autodisciplina: Capacidade de controlar impulsos e manter o foco no que é importante. Permite tomar decisões que favorecem o bem-estar e o desenvolvimento.

Crescimento pessoal: Processo contínuo de melhoria para desenvolver habilidades, superar limitações e alcançar o nosso potencial.

Determinação: Firmeza para continuar e alcançar nossos objetivos, apesar das dificuldades. Mantém o foco no que queremos conquistar.

Empatia: Capacidade de se colocar no lugar dos outros e compreender suas emoções. Ajuda a construir relações baseadas no respeito e na compreensão.

Esperança: Acreditar em um futuro melhor e trabalhar para alcançá-lo. Motiva-nos a manter uma atitude positiva e seguir em direção às nossas metas.

Otimismo: Tendência de enxergar o lado positivo das situações e esperar bons resultados. Ajuda a manter uma atitude resiliente em momentos difíceis.

Paciência: Capacidade de tolerar os desconfortos da espera sem se frustrar. É essencial para enfrentar desafios e entender que tudo tem seu tempo.

Perseverança: Persistir com esforço e determinação diante dos obstáculos que surgem. Ensina-nos a não desistir e a continuar lutando pelos nossos objetivos.

Proatividade: Tomar a iniciativa e agir antes que surjam problemas. Permite ter controle sobre as circunstâncias e antecipar desafios.

Resiliência: Capacidade de se recuperar dos desafios e sair mais forte. Implica aprender com as dificuldades e transformá-las em oportunidades de crescimento.

~~~
~~~

EMOÇÕES E BEM-ESTAR MENTAL

Alegria: Emoção que surge ao vivenciar algo prazeroso ou satisfatório. Enche-nos de energia e nos ajuda a manter uma atitude otimista.

Ansiedade: Emoção que se manifesta como preocupação excessiva ou medo diante do desconhecido. Compreendê-la e gerenciá-la é fundamental para manter o equilíbrio emocional.

Autocompaixão: Tratar-se com bondade e compreensão, especialmente diante de falhas ou erros. Ajuda a reduzir a autocrítica e a focar no aprendizado e no crescimento pessoal.

Autoconfiança: Acreditar na própria capacidade de enfrentar desafios e alcançar metas. Impulsiona-nos a agir com segurança e a superar os obstáculos que surgem no caminho.

Compaixão: Sentir o sofrimento dos outros e desejar aliviá-lo. Motiva-nos a apoiar quem precisa e a fortalecer nossos laços com as pessoas.

Empatia: Habilidade de se colocar no lugar dos outros e compreender suas emoções. Ajuda-nos a criar conexões mais humanas e a construir relacionamentos significativos.

Esperança: Confiança de que o futuro trará coisas boas. É a força que nos impulsiona a seguir em frente, mesmo diante de dificuldades.

Fortaleza emocional: Capacidade de manter o equilíbrio em situações difíceis. Permite-nos enfrentar desafios com uma atitude positiva e sem desistir.

Frustração: Sensação de desânimo quando as coisas não saem como esperado. Aprender a lidar com ela nos ajuda a crescer e a buscar novas soluções.

Gratidão: Apreciar e valorizar o que temos, mesmo nos momentos difíceis. Ajuda-nos a focar nos aspectos positivos da vida, melhorando o bem-estar emocional.

Motivação: Impulso interno que nos leva a agir e alcançar nossos objetivos. Mantém-nos focados e ajuda a superar os obstáculos.

Resiliência emocional: Habilidade de lidar com emoções difíceis e se recuperar de situações adversas. É essencial para manter o equilíbrio mental em momentos complicados.

Serenidade: Estado de calma que nos permite agir com clareza e sem pressa. É crucial para gerenciar o estresse e tomar decisões conscientes.

Tranquilidade: Estado de paz interior que facilita lidar com situações com clareza. É fundamental para tomar decisões acertadas e manter a calma em momentos de tensão.

Tristeza: Emoção que surge como resposta a perdas ou situações dolorosas. Reconhecê-la permite processar nossas emoções e avançar no processo de cura.

~~~
~~~

HABILIDADES SOCIOEMOCIONAIS

Adaptabilidade: Flexibilidade para se ajustar a novas circunstâncias ou mudanças inesperadas. Ajuda-nos a enfrentar situações desconhecidas com uma atitude aberta e a aprender com o processo.

Autoconhecimento: Conhecer nossas forças, fraquezas, emoções e motivações. É o primeiro passo para o desenvolvimento pessoal, pois permite identificar áreas a melhorar e oportunidades de crescimento.

Autodisciplina: Capacidade de controlar os impulsos e focar nos objetivos de longo prazo. É essencial para evitar distrações e manter-se no caminho rumo às metas.

Comunicação assertiva: Expressar ideias e necessidades com clareza e respeito, sem agredir ou permitir ser agredido. Promove relações saudáveis e evita conflitos desnecessários.

Escuta ativa: Prestar atenção plena ao que o outro diz, demonstrando interesse e compreensão. É essencial para uma comunicação eficaz e para fortalecer relações interpessoais.

Gestão do tempo: Habilidade de organizar e planejar o tempo de maneira eficiente para cumprir responsabilidades e alcançar objetivos. Ajuda-nos a ser mais produtivos e a reduzir o estresse.

Gratidão: Apreciar e valorizar o que temos, mesmo em momentos difíceis. Ajuda-nos a focar nos aspectos positivos e melhora o bem-estar emocional.

Habilidades sociais: Técnicas para se relacionar de forma eficaz e positiva com os outros. Incluem empatia, escuta ativa e a capacidade de criar conexões significativas.

Motivação: Força interna que impulsiona a agir para alcançar objetivos. Ajuda-nos a manter o foco e a superar desafios no caminho para nossas metas.

Negociação: Capacidade de alcançar acordos satisfatórios para todas as partes envolvidas. Envolve encontrar pontos em comum e ser flexível para alcançar resultados positivos.

Proatividade: Agir antes que os problemas surjam, tomando a iniciativa para controlar as situações. Permite antecipar dificuldades e buscar soluções antes que se tornem obstáculos.

Resolução de conflitos: Habilidade de lidar com desacordos de forma construtiva. Requer comunicação eficaz, empatia e a capacidade de encontrar soluções que beneficiem todos.

Resolução de problemas: Capacidade de analisar uma situação e encontrar soluções eficazes. É essencial para enfrentar desafios e superá-los de forma prática.

Serenidade: Estado de calma e equilíbrio que permite agir com clareza. É crucial para gerenciar o estresse e tomar decisões conscientes.

Tomada de decisão: Processo de avaliar diferentes opções e escolher a mais adequada. Requer analisar as possíveis consequências e agir com confiança.

Trabalho em equipe: Colaborar com outros para alcançar um objetivo comum. Requer habilidades como comunicação, empatia e cooperação para atingir metas compartilhadas.

Tranquilidade: Estado de paz interior que nos permite lidar com situações com clareza. É fundamental para tomar decisões corretas e manter a calma em momentos de tensão.

~~~
~~~

PROPÓSITO E FUTURO

Autoconfiança: Acreditar na própria capacidade de alcançar metas e construir o futuro que desejamos. É fundamental para tomar decisões e agir com segurança.

Crescimento pessoal: Processo contínuo de desenvolvimento e melhoria para atingir nosso máximo potencial. É essencial para viver uma vida plena e com significado.

Determinação: Força interna que nos impulsiona a seguir em frente, apesar dos obstáculos. É essencial para alcançar metas e manter o foco no propósito.

Esperança: Confiança de que o futuro pode ser melhor e de que temos o poder de influenciá-lo. Dá-nos a energia necessária para enfrentar desafios e continuar avançando.

Metas: Objetivos que nos dão direção e ajudam a crescer. Ter metas permite planejar o futuro e dar passos concretos rumo ao que desejamos alcançar.

Mudança: Processo de transformação para uma nova realidade. Aceitar e se adaptar às mudanças nos permite evoluir e enfrentar novos desafios.

Oportunidade: Circunstância que oferece a possibilidade de melhorar e aprender. Aproveitar as oportunidades é essencial para o crescimento pessoal.

Otimismo: Atitude positiva baseada na crença de que podemos alcançar nossos objetivos. Ajuda-nos a enfrentar desafios com uma mentalidade aberta e proativa.

Planejamento: Processo de organizar ações para alcançar nossas metas. Permite traçar um caminho claro rumo ao futuro desejado.

Propósito: Razão ou motivação que dá sentido às nossas ações. Ter um propósito mantém-nos focados e ajuda a encontrar significado mesmo em situações difíceis.

Renovação: Processo de deixar o passado para trás e criar um novo presente. Implica abrir-se para novas possibilidades e deixar de lado o que já não nos serve.

Superação: Ação de vencer dificuldades e sair fortalecido. É essencial para construir um futuro melhor e aprender com as experiências vividas.

Transformação: Mudança profunda que nos leva a uma nova forma de ser ou de enxergar a vida. É o resultado do aprendizado constante e das nossas experiências.

Visão: Imagem clara do que queremos alcançar no futuro. Ter uma visão nos motiva e orienta nossas decisões rumo aos objetivos.

~~~
~~~

LIBERDADE E REDENÇÃO

Arrependimento: Reconhecer um erro e sentir o desejo genuíno de mudar. É um passo essencial para a redenção e o perdão.

Compaixão: Sentimento de empatia por si mesmo e pelos outros, acompanhado pelo desejo de aliviar o sofrimento. É fundamental para o perdão e a cura emocional.

Cura: Processo de recuperação emocional e mental para alcançar o bem-estar. Ajuda-nos a superar a dor e a encontrar equilíbrio.

Dignidade: Valor inerente a cada ser humano, que não se perde apesar dos erros cometidos. Reconhecer nosso valor intrínseco é essencial para encontrar o caminho da redenção.

Esperança: Crença na possibilidade de um futuro melhor. Motiva-nos a continuar lutando pelos nossos objetivos e a buscar oportunidades para melhorar.

Força interior: Capacidade de se manter firme e resiliente diante das dificuldades. Ajuda-nos a enfrentar desafios e a avançar com determinação.

Liberdade interior: Sentir-se livre, apesar das circunstâncias externas, conectando-se com a paz interna. Permite-nos encontrar serenidade e força, independentemente do que acontece ao nosso redor.

Libertação emocional: Processo de deixar para trás emoções negativas como o ressentimento e a culpa. Permite-nos viver com mais leveza e focar no presente.

Perdão: Deixar de lado o rancor e aceitar a possibilidade de recomeçar. É um ato de libertação que nos ajuda a abandonar o passado e avançar para uma vida mais plena.

Redenção: Ato de se libertar de um erro ou culpa, buscando ser melhor. Implica reconhecer nossas falhas e comprometer-se com a mudança.

Renovação: Transformação que envolve abandonar antigos padrões e adotar novos caminhos. É uma parte essencial do processo de crescimento pessoal e redenção.

Resiliência: Capacidade de se adaptar e recuperar de situações difíceis, saindo mais forte. É essencial para enfrentar desafios e seguir em frente.

Responsabilidade: Habilidade de assumir as consequências das próprias decisões. Permite-nos aprender com os erros e tomar o controle do nosso destino.

Transformação: Mudança profunda que nos leva a ser pessoas melhores. É o resultado do aprendizado e do processo de redenção.

___

BIBLIOGRAFIA

Cueva Pérez S. Competências socioemocionais na população reclusa [Trabalho de Conclusão de Curso em Psicologia]. Oviedo: Universidade de Oviedo; 2024. Disponível em: https://digibuo.uniovi.es/dspace/handle/10651/73899.

Duran Zuazo JC. Fatores de resiliência pessoal em crianças privadas de liberdade, participantes da escola Gran Bretaña na zona de San Pedro da cidade de La Paz [Tese de licenciatura em Psicologia]. La Paz: Universidade Mayor de San Andrés; 2010. Disponível em: https://repositorio.umsa.bo/handle/123456789/35717.

Ferreira AIA de A. Reinserção social de ex-reclusos: Um estudo de caso [Dissertação de mestrado, Iscte - Instituto Universitário de Lisboa]. Repositório Iscte; 2023. Disponível em: http://hdl.handle.net/10071/30388.

García-España E, García-España E. A reinserção social dos internos em centros penitenciários: uma análise criminológica. Bol Criminol. 2024;(206):1-8. Disponível em: https://revistas.uma.es/index.php/boletin-criminologico/article/view/20600.

Gomes MS, Libório LA. Maná dos céus: fantasia religiosa para os mais velhos ou resiliência nas dificuldades da vida? Rev Int Apoyo Incl Logop Soc Multicult. 2020;6(1):98-108. Disponível em: https://revistaselectronicas.ujaen.es/index.php/riai/article/view/5214.

González Pérez M. Resiliência e sua relação com a adaptação social em internos de um centro penitenciário [Tese de licenciatura em Psicologia]. Cidade do México: Universidade Nacional Autônoma do México; 2019. Disponível em: http://repositorio.amapsi.org:8081/jspui/handle/123456789/32.

Herrera Medina MI. A resiliência e sua relação com a agressividade em adolescentes infratores [Tese de licenciatura em Psicologia Clínica]. Ambato: Universidade Técnica de Ambato; 2020. Disponível em: https://repositorio.uta.edu.ec/items/9cf22cd5-6587-4ffb-9fdc-3a3d0e847076.

Kleiberth Lenin Mora Aragón. A orquestra participativa: estratégia de resiliência e (re)inserção social no contexto penitenciário [Tese de doutorado em Artes]. Poitiers: Université de Poitiers; 2024. Disponível em: https://theses.hal.science/tel-04767351/.

Macías-Garzón GX, Rodríguez-Leuro ÁI. Docentes, ensinos e aprendizagens em contextos educativos penitenciários: revisão da literatura. I+D Rev Investig. 2023;18(2):89-103. Disponível em: http://sievi.udi.edu.co/ojs/index.php/ID/article/view/416.

Mansilla MA, Vergara JC. Redes comunitárias intra e extracarcerárias no Chile: apaquismo e voluntariados evangélicos. Rev Museo Antropol. 2023;16(2):245-258. Disponível em: https://dx.doi.org/10.31048/1852.4826.v16.n2.40134.

Mora Aragón KL. A orquestra participativa: estratégia de resiliência e (re)inserção social no contexto penitenciário [Tese de doutorado em Artes]. Poitiers: Université de Poitiers; 2024. Disponível em: https://theses.hal.science/tel-04767351/.

Nóbrega PRF. Valores de vida, resiliência e enfrentamento em reclusos e não reclusos [Tese de mestrado em Psicologia]. Covilhã: Universidade da Beira Interior; 2015. Disponível em: https://ubibliorum.ubi.pt/handle/10400.6/5535.

Novais FAG, Ferreira JA, Santos ER dos. Transição e ajustamento de reclusos ao estabelecimento prisional. Psychologica. 2010;(52-II):209-241. Disponível em: https://impactum-journals.uc.pt/psychologica/article/view/1647-8606_52-2_9.

Sanhueza GE. Dados e gestão carcerária: ferramentas para a reinserção? Rev Estud Polit Pub. 2023;9(2):85-96. Disponível em: https://dx.doi.org/10.5354/0719-6296.2023.71063.

Vargas Guzmán WC, García Alejo M. Resiliência, compreensão psicossocial para os pós-penados do Instituto Nacional Penitenciário e Carcerário na Colômbia. Rev Cienc Soc. 2021;27(Extra 3):151-167. Disponível em: https://dialnet.unirioja.es/servlet/articulo?codigo=8081763.

~~~

INFORMAÇÕES SOBRE O AUTOR

Arturo José Sánchez Hernández, nascido em 1970 em Havana, é médico especializado em Medicina Geral Integral e Psiquiatria. Possui uma extensa trajetória profissional e acadêmica, respaldada por múltiplas publicações sobre ética e teoria dos valores.

Com uma destacada experiência em psicoterapia e em ajudar as pessoas a superar situações desafiadoras, o Dr. Sánchez Hernández dedicou parte de sua carreira à pesquisa nessas áreas da saúde mental. Além disso, destacou-se como autor de livros de autoajuda e desenvolvimento pessoal.

Atualmente reside em Maun, Botswana, onde trabalha como psiquiatra no Letsholathebe II Memorial Hospital. Seu compromisso com a saúde mental e o bem-estar individual o tornou um profissional altamente respeitado tanto em seu país de origem quanto em sua nova comunidade em Botswana.

Descubra mais das minhas obras em:
https://books2read.com/asanchez

~~~

www.ingramcontent.com/pod-product-compliance
Lightning Source LLC
LaVergne TN
LVHW091119150826
845673LV00002B/895

* 9 7 9 8 2 3 0 4 2 1 2 2 1 *